Vārds
par
Krustu

Vārds par Krustu

Doktors Džejs Roks Lī.

URIM
BOOKS

Vārds par Krustu: doktors Džejs Roks Lī.

Izdots «Urim Buks» (Pārstāvis: Ki Jonas Tei Ro).
361-66, Šindaebang-Donga, Dongjaka-Gu, Seula, Koreja.
www.urimbooks.com

Izdots korejiešu val. izdevniecībā «Urim Books» Seulā, Korejā 2002. gadā.

Pirmoreiz izdots 2014 septembris.

Redaktors: dr. Džeums San Vins.
Dizains Redakcijas birojs «Urim Books»
Pēc papildus informācijas vērsties elektroniskajā pastā: urimbook@ hotmail.com

v

Priekšvārds

Es vēlu jums saprast Dieva sirdi un Viņa vareno mīlestības plānu un ielikt savai ticībai stiprus pamatus.

Sākot no 1986. gada, *«Vārds par Krustu»* pievedis neskaitāmu ļaužu daudzumu uz glābšanas ceļa un nodemonstrējis daudzveidīgu Svētā Gara darbību daudzos aizrobežu liela mēroga evaņģelizācijas pasākumos. Līdz beidzot Dievs Tēvs svētīja mani, lai tos publicētu. Par ko es pateicos un slavēju Viņu!

Daudz ļaužu saka, ka tic Dievam Radītājam un ir iepazinuši Viņa Dēla Jēzus Kristus mīlestību, taču īstenībā sludina Evaņģēliju nepārliecināti. Faktiski, tikai nedaudzi kristieši saprot Dieva sirdi un gribu. Un vēl, daži kristieši attālinās no Dieva tāpēc, ka nav atraduši skaidras atbildes uz daudziem jautājumiem, kas attēloti Bībelē, vai izrādījušies nespējīgi saprast brīnišķīgo Dieva mīlestības izpausmi.

Piemēram, ko gan jūs atbildētu, ja jums pajautātu: «Kāpēc Dievs radīja laba un ļauna atzīšanas koku un atļāva cilvēkam ēst no tā?» «Kāpēc Dievs radīja elli, lai arī upurēja Savu Dēlu Jēzu

Kristu grēcinieku dēļ?» Visbeidzot, «Kāpēc tikai Jēzus Kristus ir Glābējs?»

Pirmajos manas kristietīgās dzīves gados, es nevarēju saprast Dieva nodoma dziļumu par pasaules radīšanu un Viņa apslēpto nodomu, kas ir ietverts krustā. Pēc tam, kad es sajutu aicinājumu kļūt par Evaņģēlija kalpotāju, es sāku sev jautāt: «Ko es varu izdarīt, lai vairāk ļaužu nostātos uz glābšanas ceļa un pagodinātu To Kungu?» Man pēkšņi prātā ienāca doma, ka ar Dieva palīdzību man vajag saprast katra Bībeles vārda nozīmi, ieskaitot pašas grūtākās Bībeles vietas un sludināt Vārdu pa visu pasauli. Es gavēju un lūdzos par to tik bieži, cik vien tas bija iespējams. Pagāja septiņi gadi, pirms es sāku saņemt atklāsmes no Dieva.

1985. g., karsti lūdzoties es tiku Svētā Gara piepildīts. Tas Kungs sāka man izskaidrot iepriekš apslēptos Savas gribas noslēpumus. Tas bija «Vārds par Krustu.» Es to sludināju katra svētdienas rīta dievkalpojuma laikā divdesmit vienas nedēļas garumā. Svētrunu audioieraksti no cikla «Vārds par Krustu» atstāja ietekmi uz lielu ļaužu daudzumu, kuri dzīvo gan Korejā, gan arī aiz robežām. Lai arī kur es sludinātu glābšanas Ceļu, Svētais Gars atklājās burtiski kā starojoša uguns. Daudz ļaužu nožēloja savus grēkus un kļuva dziedināti no vainām un slimībām. Viņi atbrīvojās no šaubām Dieva gribā un ieguva patiesu ticību un mūžīgo dzīvi. Agrāk viņi nepietiekoši zināja par Dievu un viņa dziļo mīlestību pret mums. Caur šīm svētrunām viņi sāka izprast Dieva plānu, satikās ar To Kungu un ieguva cerību uz mūžīgo dzīvi.

Ja jūs skaidri sapratīsiet, kāpēc Dievs radīja laba un ļauna atzīšanas koku Ēdenes dārzā, tad jūs varēsiet saprast arī Viņa plānu radot cilvēci un Dieva mīlestību. Vēl vairāk, jūs varēsiet saprast patieso savas dzīves jēgu, jūs varēsiet cīnīties ar saviem grēkiem, līdz pat asiņu izliešanai; ar visiem spēkiem cenšoties līdzināties Kungam Jēzum Kristum un būsiet uzticīgi Dievam līdz pat pašai nāvei.

Grāmata *«Vārds par Krustu»* atklās jums Dieva plāna noslēpumu, kas apslēpts krustā un palīdzēs ielikt stiprus patiesas un veiksmīgas kristīgas dzīves pamatus. Katrs šīs grāmatas lasītājs varēs iepazīt Dieva apslēpto gribu un Viņa mīlestību, iegūt patiesu ticību un vadīt kristīgu, Dievam patīkamu dzīvi.

Es pateicos direktoram un izdevniecības biroja darbiniekiem, kuri pielikuši visas pūles, lai šo darbu publicētu. Es tāpat pateicos tulkojumu birojam.

Lai neskaitāms daudzums ļaužu saprot apslēpto, dārgo Dieva gribu, sastopas ar Mīlestības Dievu un iegūst glābšanu, kā patiesi Dieva bērni! Es lūdzos par visu to Tā Kunga Jēzus Kristus vārdā!

Džejs Roks Lī

Ievads

«Vārds par Krustu» ir Dieva gudrība un spēks, un spēcīga svētruna, kurai vajag atstāt iespaidu uz visas pasaules kristiešiem.

Es slavēju un pateicos Dievam Tēvam par Viņa aizbildniecību strādājot pie grāmatas *«Vārds par Krustu»* izdošanas. Daudzi draudzes «Manmin» locekļi visā pasaulē ar nepacietību gaidīja šīs grāmatas iznākšanu. Tā dod skaidras atbildes uz jautājumiem, kurus nevar neuzdot kristieši: «Kāds bija Dievs Radītājs pirms laiku sākuma?», «Kāpēc Dievs radīja cilvēku un ielika viņu šajā pasaulē?», «Kāpēc Dievs radīja ļauna un laba atzīšanas koku Ēdenes dārzā?», «Kāpēc, lai izpirktu mūsu grēkus Dievs upurēja Savu Vienīgo un Vienpiedzimušo Dēlu?», «Kāpēc Dievs nolēma izglābt ļaudis lietojot rupju koka krustu?», – un daudz citu jautājumu.

Šī grāmata satur apgarotas Džeja Roka Lī svētrunas, tā apgaismo lasītāju, vedot pie neaptveramās un varenās Dieva mīlestības sapratnes.

1. Nodaļa, «Dievs Radītājs un Bībele», stāsta mums par Dievu un par to, kā Viņš darbojas mūsu vidū. Šajā nodaļā jūs atradīsiet liecības par Dzīvo Dievu, kuras palīdzēs apzināties Bībeles patiesumu cilvēces vēstures gaismā. Vēl vairāk, tā apgāž evolūcijas teoriju un pierāda neatspēkojami, ka Dievs radījis pasauli.

2. Nodaļa, «Dievs ir Radītājs un cilvēka Izveidotājs», liecina par to, ka Dievs radījis Visumu un visu, kas ir tajā un radījis cilvēku pēc Savas līdzības. Un vēl, šī nodaļa stāsta lasītājiem par patieso cilvēka dzīves jēgu un par to, kāpēc Dievs veido cilvēkus, kā paša garīgos bērnus.

3. Nodaļa, «Laba un ļauna atzīšanas koks», satur atbildes uz visu kristiešu jautājumu: «Kāpēc Dievs radīja laba un ļauna atzīšanas koku?» Šī nodaļa detalizēti izskaidro iemeslus un palīdz jums saprast dziļo mīlestību un noslēpumaino Dieva nodomu, radot uz zemes cilvēci.

4. Nodaļa, «Noslēpums, apslēpts līdz laiku sākumam», izskaidro attiecības starp likumu, lai izpirktu zemi un garīgiem likumiem, lai glābtu cilvēci (3. Mozus 25). Tā tāpat izskaidro, ka grēku dēļ visi ļaudis bija nolemti nāvei, taču Dievs sagatavoja apbrīnojamu ceļu viņu glābšanai, vēl pirms laiku sākuma. Šīs nodaļas beigās lasītāji uzzinās, kāpēc Dievs turēja noslēpumā cilvēces glābšanas ceļu līdz Viņa izvēlētajam laikam, un, cik ļoti Jēzus atbilst izpirkšanas likuma prasībām.

5. Nodaļa, «Kāpēc Jēzus mūsu vienīgais Glābējs?» izskaidro

mums, kādā veidā Dieva cilvēces glābšanas plāns bija apslēpts vēl no laiku sākuma un piepildījās caur Jēzu; viņa bērnu svētības un tiesības; vārda «Jēzus Kristus» nozīme; iemeslu, kura dēļ Dievs nevienu citu vārdu zem debess nav devis, izņemot Jēzus Kristus Vārdu, ar kuru ļaudis varētu tikt izglābti un tā tālāk. Jūs sajutīsiet neizmērojamo Dieva mīlestību, ja sapratīsiet vēstījuma garīgo jēgu, kuru satur šī nodaļa.

6. Nodaļa, «Krusta providence», apgaismo lasītājam Jēzus ciešanu dziļo nozīmi. Kāpēc Jēzus piedzima kūtī un tika ielikts silē, ja Viņš patiešām bija Dieva Dēls? Kāpēc Viņš bija nabags visu Savu dzīvi? Kāpēc Viņa ķermeni šaustīja, ērkšķu vainags dūrās Viņa galvā, bet rokas un kājas bija naglu caururbtas? Kāpēc Viņš cieta no sāpēm, un no Viņa tecēja asins lāses un lija ūdens?

Šī nodaļa satur tiešas atbildes uz šiem jautājumiem un palīdz jums saprast Viņa ciešanu garīgo nozīmi. Visas iespējamās slimības un vainas ieskaitot nabadzību, nesaskaņas ģimenē, grūtības darbā un tā tālāk, būs atrisinātas caur ticību un garīgo Jēzus Kristus ciešanu nozīmes izpratni. Šī nodaļa palīdzēs jums izprast Dieva mīlestības dziļumu, atbrīvoties no jebkura ļaunuma un «kļūt par līdzdalībnieku Dieva būtībā.»

7. Nodaļa, «Pēdējie septiņi Jēzus vārdi no krusta», izskaidro pēdējo vārdu garīgo nozīmi, kurus Jēzus tika izrunājis pirms nāves pie krusta. Pateicoties tiem kļūst skaidrs, ka Jēzus izpildījis Viņam doto Dieva Tēva misiju. Šī nodaļa aicina apzināties milzīgo Jēzus mīlestību pret cilvēci, gaidīt Viņa Otro atnākšanu

un ar cerību uz augšāmcelšanos no mirušiem, vest nesamierināmu cīņu ar ļaunumu līdz pašām beigām.

8. Nodaļa, «Patiesa ticība un mūžīgā dzīve» izstāstīs jums par to, ka mēs kļūstam vienoti ar mūsu Līgavaini Jēzu Kristu, tikai, ja mūsos ir patiesa ticība. Bībele brīdina, ka daži, kas runā, ka tic Glābējam Jēzum Kristum, nevarēs iegūt glābšanu Tiesas Dienā. Bībele aicina ne tikai pieņemt Jēzu Kristu, bet arī mūžīgās glābšanas dēļ būt līdzdalībnieki pie Cilvēka Dēla Miesas un pie Viņa Asinīm. Īsto ticību, kura rādīs jums glābšanas ceļu, jūs varēsiet iegūt tad, kad ēdīsiet Viņa Miesu un dzersiet Viņa Asinis. Šī nodaļa tāpat izskaidro patieso ticības dabu un ceļu pie tās iegūšanas, un stāsta par to, ko vajag darīt, lai iegūtu pilnīgu glābšanu.

9. Nodaļa, «Piedzimt no ūdens un Gara», pamatojas uz dialogu starp Jēzu un Nikodēmu. Ar šo dialogu papildinās *Vārds par Krustu.* Līdz Jēzus Kristus atnākšanai jūsu sirdīm vajadzīga pastāvīga atjaunošanās ar Vārdu un Svēto Garu. Jums jāglabā tīras savas dvēseles un miesa līdz pašai Otrajai Tā Kunga Jēzus Kristus atnākšanai, kad Viņš pieņems mūs kā savu brīnišķīgo Līgavu.

10. Nodaļa, «Kas ir viltus mācība?» pārdomāts par maldu un viltus mācību dabu un kļūdām šajā jautājumā. Šodien daudz ļaužu aiz vieglprātības vai bībeliskās maldu noteikšanas nezināšanas, kļūdaini uzskata par maldiem un nepareizību varenas Dieva spēka izpausmes. Šī nodaļa satur brīdinājumu par

to, ka nedrīkst apvainot viltībā un nosodīt Svētā Gara darbus, un ar piemēriem par dažām viltus denomināciju mācībām izskaidro, kā atšķirt patiesības Garu no maldu gara. Beidzot, šī nodaļa pasvītro, ka mums jābūt modriem, pastāvīgi jālūdz un jāstaigā patiesībā, lai nepadotos melu gara kārdinājumam.

Apustulis Pāvils 1. vēst. Korintiešiem 1:18, runājot par krusta vārdu, teica par Dieva gudrību: *«Jo krusta vārds ir ģeķība tiem, kas pazūd, bet mums, kas topam izglābti, ir Dieva spēks.»* Katrs var iegūt patiesu ticību, satikt Dzīvo Dievu un priecāties kristīgajā dzīvē, atklājot sev krusta noslēpumu, apzinoties Dieva nodomu dziļumu, kas piepildīts ar varenu mīlestību pret cilvēci.

«Vārdam par Krustu» jākļūst par pamatmācību mūsu dzīvē. Tāpēc es lūdzu Tā Kunga vārdā, lai jūs ieliktu pamatu savai kristīgajai dzīvei un iegūtu glābšanu un mūžīgo dzīvi.

Džeums San Vins,
Redkolēģijas direktors

S a t u r s

1. Nodaļa

Dievs Radītājs un Bībele

- Dievs ir Radītājs
- «Es Esmu kas Es Esmu»
- Dievs Visuvadošs un Visvarens
- Dievs – Bībeles Autors
- Katrs Vārds Bībelē – patiesība

«Iesākumā Dievs radīja debesis un zemi.»

1. Mozus 1:1

Dievs ir Radītājs

Šodien ļaudis ir sarakstījuši bezgala daudz grāmatu, taču neviena grāmata pasaulē, izņemot Bībeli, nedod atbildes par Visuma izcelšanos un radīšanu, par cilvēces sākumu un beigām. Bībele dod skaidru atbildi par Visuma un dzīvības rašanos. 1. Mozus gr. 1:1 teikts: «*Iesākumā Dievs radīja debesis un zemi*», bet Vēst. Ebrejiem 11:3 sacīts: «*Jo ticībā mēs noprotam, ka pasaule ir radīta Dieva vārda spēkā, ka no neredzamā cēlies redzamais.*»

Ne viss redzamais bija radīts no kādas jau esošās substances. Tas bija radīts no «nekā» pēc Dieva pavēles. Cilvēks var pagatavot kaut ko no jau esošā. Lai radītu kaut ko, viņš var transformēt vai savienot jau esošos materiālus, bet cilvēka spēkos nav radīt kaut ko no nekā.

Neiespējami sevī iedomāties, ka cilvēks varētu radīt dzīvu organismu. Pat, ja viņam izdotos pilnveidot zinātniskās tehnoloģijas tik tālu, lai izveidotu mākslīgo intelektu vai klonētu aitas, viņš tāpat nevarēs radīt no nekā pat amēbu.

Tāpēc ļaudis tikai iegūst dzīvību no tā, ko jau radījis Dievs un to ar dažādiem paņēmieniem kombinē. Taču ne vairāk.

Tādā veidā jāsaprot, ka tikai Dievs spēj radīt kaut ko no nekā. Tikai Dievs Radītājs radījis Visumu pēc Savas pavēles, un Viņš vada visu radīto pasauli, visu vēsturi, dzīvību un nāvi, cilvēces svētības un lāstus.

Liecības, kas apliecina ticību un Dievu Radītāju

Visu – māju, galdus, pat naglas kāds ir konstruējis. Pats par sevi saprotams, ka plašajam Visumam jābūt Radītājam. Vajag būt Radītājam, kurš to radījis un to vada. Tas arī ir Dievs Radītājs, par kuru pastāvīgi runā mums Bībele. Lai saredzētu pierādījumus radīšanas labā, vajag tikai vienīgi apskatīties apkārt. Lūk, viens vienkāršs piemērs: iedomājaties, kāds daudzums ļaužu dzīvo uz zemes. Neatkarīgi no rases, vecuma, dzimuma, sabiedriskā stāvokļa un tamlīdzīgi, katram no viņiem ir – pāris acu, pāris ausu, deguns ar divām nāsīm un viena mute.

Lai arī dzīvniekiem ir dažas atšķirības izskatā, tiem ir līdzība fizionomiskajā uzbūvē. Piemēram, zilonim ir – pagarināts deguns (snuķis), taču tas atrodas zilonim galvas sejas daļas centrā un virs mutes. Taču nekādi ne virs acīm, ne zem mutes un ne pakausī. Katram zilonim ir divas nāsis, divas ausis un viena mute. Visiem putniem debesīs, zivīm okeānā vai upē ir līdzīga fizionomiskā struktūra.

Dzīvniekiem ir ne tikai fizionomiskās uzbūves līdzība. Identiska tāpat ir arī gremošanas un reproduktīvā sistēma zīdītājiem. Analoģiskā veidā, visi viņi uzņem barību caur mutes atveri un viss, kas nokļūst mutē dodas uz kuņģi un pēc tam iziet no organisma. Visi zīdītāji pārojas ar cita dzimuma pārstāvi un rada pēcnācējus.

Ja sakopotu visus šos acīmredzamos faktorus, tad pilnīgi neiespējami izskaidrot to sakritību vai pieskaitīt tos pie evolūcijas teorijas pierādījumiem, kura pamatojas uz «dabīgās atlases» principu. To nevar izskaidrot ar evolūcijas teoriju.

Un tā, kopīgo organisko struktūru fakts cilvēkam un dzīvniekiem kļūst par pietiekošu pierādījumu tam, ka Visumu radījis Varenais Dievs Radītājs.Un vēl, ja tuvāk ieskatītos dabā un Visumā, tad tajos var atrast vēl vairāk radīšanas pierādījumu. Cik brīnišķīgi apzināties to, ka visi Saules sistēmas objekti, ieskaitot rotējošo Zemi, virzās bez mazākās nobīdes!

Paskatieties uz savu rokaspulksteni. Tas sastāv no liela daudzuma saliktām detaļām. Vajag izņemt kaut vai pašu mazāko no tām, un tas salūzīs. Tādā veidā šis Visums bija radīts un eksistē pēc Dieva plāna.

Piemēram, ne cilvēks, ne kāda cita dzīvības forma nevar eksistēt bez Mēness, kas riņķo ap Zemi. Dievs to tur novietojis, kur tas ir, tieši priekš tā, lai būtu iespējama cilvēka eksistence uz zemes.

No esošā Mēness stāvokļa, tā gravitācija iespaido uz Zemes paisumus un bēgumus. Paisumi nodrošina jūras ūdeņu attīrīšanos. Līdzīgā veidā viss Visumā tika radīts un stingri virzās saskaņā ar Dieva gribu.

Kāpēc daži ļaudis netic Dievam Radītājam?

Ir ļaudis, kuri tic Dievam Radītājam un dzīvo pēc Viņa Vārda. Kāpēc gan ļaudis, kuriem dāvāts saprāts un spēja atrast atbildes uz jebkuriem jautājumiem zinātnē, netic Dievam Radītājam?

Ja jūs vēl bērnībā uzzinājāt no uzticamiem kristiešiem par Dzīvo Dievu un to, ka Viņš – Visspēcīgais Radītājs, tad jums nebūs sarežģīti noticēt Dievam Radītājam.

Taču šodien daudz ļaužu nokļūst evolūcijas teorijas iespaidā pusaudžu vecumā, jo eksistē tik daudz «zināšanu», ne visas no kurām obligāti ir patiesas. Jūs tāpat saskaraties ar tiem, kas netic Dievam vai šaubās par Viņu.

Ja pietiekoši ilgi dzīvo tādā vidē, tad apmeklējot baznīcu, kur sludina Dieva Vārdu, jūs nereti sajūtat šaubas un iekšēju konfliktu, nespējot noticēt Dievam Radītājam, tāpēc ka tas ir pretrunā ar iepriekš iegūtajām jūsu zināšanām.

Kamēr jūs neatbrīvosieties no domām un zināšanām, kuras jums dod pasaule, pat regulāra baznīcas apmeklēšana nepalīdzēs jums iegūt garīgo ticību, kuru dāvā Dievs, kura nepazīst nekādas šaubas.

Jūs nevarēsiet noticēt Debesu Valstībai un ellei bez garīgās ticības. Jums redzamā pasaule būs vienīgā pasaule, kurā jūs dzīvojat pēc sava prāta.

Cik reižu jūs esat redzējuši, kā kādas teorijas, kaut kad, visu pieņemtas un cienītas, tiktu noraidītas vai nomainītas pret citām? Pat pie noraidošas atbildes uz šo jautājumu, jāpiekrīt, ka vispārpieņemtās teorijas un pieņēmumi pastāvīgi tiek pārskatīti, ņemot vērā no jauna atklātos faktus.

Laika gaitā un attīstoties zinātnei cilvēks izgudro arvien labākus skaidrojumus un teorijas, kaut arī tās paliek nepilnīgas. Es neuzstāju uz to, ka pētījumi, ko veic daudzi zinātnieki ir kļūdaini. Tomēr pasaulē eksistē daudz kas no tā, ko cilvēks nevar izskaidrot un šo faktu vajadzētu atzīt. Piemēram, ja runā par Visumu, neviens no Zemes iedzīvotājiem nav varējis aizsniegt tā tālākās vietas un nevienam nav izdevies pabūt tālā pagātnē. Un tomēr ļaudis pūlas izskaidrot Visuma uzbūvi ar dažādu hipotēžu un teoriju palīdzību. Līdz tam, kā cilvēks nokāpa uz Mēness, daži uzskatīja, ka kaut kur Saules sistēmā var eksistēt dzīvi organismi. Taču, pēc ceļojuma uz Mēnesi, tika paziņots, ka ārpus Zemes robežām dzīvība nav. Tagad zinātnieki apgalvo, ka ir iespējama dzīvu organismu eksistence uz Marsa, vai arī runā: «Uz Sarkanās planētas ir ūdens pēdas.»

Pat, ja pētījumi bijuši ilgstoši un jums izdevies paplašināt savas zināšanas, nemanot Dieva Radītāja gribu, vadību un spēku, jūs agri vai vēlu sasniegsiet cilvēka iespēju robežas.

Tāpēc Vēstulē Romiešiem 1:20 teikts: *«Viņa neredzamās īpašības, tiklab viņa mūžīgā vara kā viņa dievišķība, kopš pasaules radīšanas gara acīm saskatāmas viņa darbos; tāpēc viņiem nav ar ko aizbildināties.»*

Katrs, kas spējīgs atvērt savu sirdi un saskatīt, obligāti sajutīs Dieva spēku un Viņa dievišķo dabu caur Viņa radību – Sauli, Mēnesi un zvaigznēm – un tas atļaus mums iepazīt un noticēt Viņam.

«Es Esmu kas Es Esmu»

Dzirdot par Dievu Radītāju, daudz ļaužu brīnās: «Vai tas ir iespējams, ka Viņš eksistējis līdz laiku sākumam?», «No kurienes Viņš atnācis?», vai «Kā viņš izskatās?»

Cilvēciskās zināšanas nevar pārvarēt noteiktu robežu, ko diktē saprāts, ka visam ir jābūt gan sākumam, gan beigām. Tāpēc mēs pieprasām skaidras atbildes uz līdzīgiem jautājumiem. Taču Dievs eksistē aiz cilvēciskās saprašanas robežām. Viņš «bija», «ir» un «būs».

2. Mozus grām. attēlo epizodi, kurā Dieva pavēl Mozum vest izraēliešus uz Kānaānas zemi. Atbildē Mozus jautā Dievam, kā viņam jāatbild uz jautājumu par Dieva vārdu.

Tad Dievs teica Mozum: *«ES ESMU...»* un pavēlēja viņam atbildēt Izraēla dēliem: *«ES ESMU – tas mani sūtījis pie jums»* (2. Mozus 3:14).

«ES ESMU» tas ir vārds, ar kuru Dievs apzīmēja Pats Sevi; tas nozīmē, ka neviens nedeva Dievam piedzimšanu, un neviens Viņu neradīja un, ka Viņš ir pilnīga Būtne, Pats Radītājs.

Dievs laiku sākumā bija Gaisma un Vārds.

Jāņa ev. 1:1 teikts: *«Iesākumā bija Vārds un Vārds bija pie Dieva, un Vārds bija Dievs.»* Tādā veidā Dievs, kas no sākuma bija Vārds ir Būtne, kas kādreiz eksistēja absolūtā vientulībā un Kuru nav neviens radījis. Kad un kur viņš bija?

Dievs ir Gars, tāpēc Viņš atrodas ārpus laika, Vārda ceturtajā dimensijā, garīgajā pasaulē, bet ne redzamajā pasaulē. Dievam nebija noteikta tēla, bet bija dziļa un brīnišķīga Gaisma un tīra, skaidra skaņa, un Viņš vadīja visu Visumu.

Tāpēc Jāņa 1. vēst 1:5 teikts: *«Šī ir tā vēsts, ko esam no viņa dzirdējuši un pasludinām jums, ka Dievs ir gaisma un viņā nav it nekādas tumsības.»*

Šis pants satur garīgu nozīmi, kas izsaka Dieva esamības veidu, kurš no iesākuma bija Gaisma. Iesākumā Dievs bija kā Gaisma un Skaņa. Šī Skaņa, Dieva balss, tīra, patīkama un maiga, tā plūst pār visu Visumu.

Dievs bija vienatnē līdz laiku sākumam.

Dievs Radītājs eksistēja līdz laiku sākumam. Viņš nolēma izaudzināt Savus patiesus garīgos bērnus un ķērās pie šī nodoma izpildīšanas. Tāpēc, lai pienāktu pie pilnīgas Dieva ESAMĪBAS saprašanas, vajadzīgs atteikties no personīgiem minējumiem, teorijām un stereotipiem un noticēt Dievišķajai pasaules radīšanai.

Atšķirībā no tā, ko radījis Dievs, viss ļaužu radītais ir aprobežots un nepilnīgs. Pateicoties pastāvīgajai zināšanu un civilizāciju attīstībai, cilvēcisko pūļu augļi iegūst aizvien uzlabotākas formas, tomēr arī tiem ir liels daudzums nepilnību.

Kādreiz ļaudis izgatavoja statujas no zelta, sudraba, bronzas un metāla, un sauca tās par «dieviem», zemojās to priekšā un izlūdzās tiem svētības. Taču tās ir tikai koka, metāla vai akmens statujas, kas nevar ne elpot, ne runāt, ne aci pamirkšķināt (Habakuka 2:18-19).

Ļaudis var paziņot par savu gudrību, taču īstenībā viņi nav spējīgi atšķirt patiesību no nepatiesības; visdrīzāk viņi izveidos sev statujas, klanīsies to priekšā un sauks tās par saviem dieviem (vēst. Rom. 1:22-25). Kāda apkaunojoša muļķības apliecināšana! Un tā, ļaudīm, kuri zemojas elkiem neatzīstot patieso Dievu, vajag patiesi to nožēlot, zemoties Dievam ES ESMU un pildīt Viņa bērnu pienākumu.

Dievs Visuvadošs un Visvarens

Dievs Radītājs, kurš radīja Visumu, ir pilnīga Būtne, eksistējoša līdz laiku sākumam, Viņš Visuvadošs un Visvarens. Bībelē aprakstīts neskaitāms daudzums brīnumu un zīmju, kuras nevar tikt veiktas ar cilvēku spēkiem un gudrību.

Šie Visuvadošā un Visuvarošā Dieva darbi, Kurš vakar, šodien un mūžīgi ir Tas Pats, tika veikti kā Jaunās tā arī Vecās Derības laikos caur Dieva vīriem, kuri saņēmuši Viņa spēku.

Jēzus teica Jāņa Evaņģēlijā 4:48: «*Ja jūs zīmes un brīnumus neredzat, jūs neticat*» un tāpēc ļaudis neticēs Visvarenajam Dievam, kamēr neieraudzīs Viņa darbus.

Dievs parāda brīnišķīgus brīnumus un zīmes.

4 Mozus grām. sīki aprakstā brīnišķīgus brīnumus, kurus Visuvarenais Dievs veica caur Mozu, izraēliešu aiziešanas laikā no Ēģiptes uz Kanaānas zemi.

Piemēram, kad Dievs sūtīja Mozu pie faraona, Ēģiptes

ķēniņa, Viņš uzsūtīja uz viņu un viņa zemi desmit sodības, ļāva izraēliešiem sausām kājām pāriet Sarkanajai jūrai un iegāza ēģiptiešus trakojošajā jūras dzelmē.

Pat pēc iziešanas no Ēģiptes Mozus ar savu zizli izsita ūdeni no klints; nederīgais dzeršanai ūdens pārvērtās saldūdenī; manna krita no debesīm, paēdinot miljoniem cilvēku, kuriem nebija jāpārdzīvo par savu iztikšanu.

Vēlāk, Vecajā Derībā, runāts par to, kā Dievs apveltīja ar spēku Eliju, kad tas pravietoja par trīs ar pus sausuma gadiem, ar lūgšanu izsauca lietu un atdzīvināja mirušos.

Jaunajā Derībā mēs redzam, kā Jēzus, Dieva Dēls atdzīvina Lācaru, kurš bija miris četras dienas, atgrieza redzi aklajiem, dziedināja ļaudis no dažādām slimībām un vainām un izdzina ļaunos garus. Viņš gāja pa ūdeni, kā pa zemi un nomierināja vētru jūrā.

Dievs darīja pārdabiskus brīnumus ar Pāvila rokām: uz slimajiem uzlika sviedru autus un priekšautus no viņa miesas, un to slimības tika dziedinātas, un ļaunie gari no tiem izgāja (Ap. d. 19:11-12). Neskaitāmas zīmes pavadīja Pēteri, vienu no labākajiem Jēzus mācekļiem. Ļaudis nesa ārā no mājām slimos uz ielām un atstāja tos tur guļot, lai kaut vai garāmejošā Pētera ēna tos apēnotu (Ap. d. 5:15).

Un vēl, Dievs darīja brīnumus un rādīja zīmes caur Stefanu un Filipu, kā tas rakstīts Bībelē, un Viņš turpina tās rādīt caur mūsu draudzi pat šodien.

Dievs – Bībeles Autors

Dievs ir Gars, tāpēc Viņš ir acīm neredzams, taču Viņš pastāvīgi parāda Sevi daudz veidos. Pilnībā Dievs atklāj Sevi ļaudīm caur dabu, bet īpaši – caur izdziedināto liecībām un caur atbildētām lūgšanām Viņš tāpat atklāj Sevi caur Bībeli.

Tādā veidā, pateicoties Bībelei jūs varat iepazīt patieso Dievu, satikt Viņu un sasniegt glābšanu un mūžīgo dzīvi caur Dieva darbu iepazīšanu. Un vēl, jūs varat gūt sekmes dzīvē un dot godu Dievam, saprotot Dieva sirdi un apzinoties, ka mīlat Viņu un esat Viņa mīlēti (2. vēst. Tim. 3:15-17).

Raksti ir Dieva iedvesmoti

Pētera 2. vēst. 1:21, rakstīts: *«jo pravietošana nekad nav cēlusies no cilvēku gribas, bet Dieva cilvēki ir runājuši Svētā Gara spēkā.»* Un 2. vēst. Timotejam 3:16 teikts: *«Visi šie raksti ir Dieva iedvesmoti, un ir noderīgi mācībai, vainas pierādīšanai, labošanai, audzināšanai taisnībā.»*

Tieši tāpēc Bībelē ir tik daudz frāžu, kuras sākas ar vārdiem «Dievs runā, «Tas Kungs runā», un «Tas Kungs Dievs runā.» Tas apliecina, ka Bībele nav cilvēku vārdi, bet Dieva Vārds.

Bībelē apkopotas 66 grāmatas: 39 Vecajā Derībā un 27 Jaunajā. Pēc aptuveniem aprēķiniem saskaitīts, ka to sarakstījuši 34 cilvēki. Bības sarakstīšanas periods ilgst no 1500 gadiem pirms mūsu ēras, līdz mūsu ēras 100 gadiem, kas ir apmēram 1600 gadu. Brīnumaini tas, ka neskatoties uz daudzajiem «autoriem», Bībele ir pilnīgi Raksti, no sākuma līdz beigām, un katrs tās pants saskaņojas ar citiem.

Tāpēc arī pravietis Jesaja savā grāmatā 34:16 raksta: «*Meklējiet Tā Kunga grāmatā un lasiet: tur nekā netrūkst no sacītā, jo Tā Kunga mute pavēlēja, un Viņa Gars to veicis.*»

Iespējams, tas tikai pateicoties tam, ka īstais Bībeles radītājs ir Dievs, Svētais Gars vadījis to sirdis, kas viņu sarakstījuši un apkopojuši visus šīs grāmatas vārdus kopā. Jums jāatceras, ka Bībeles «autori» ir sava veida rakstītāji – starpnieki, kuri paklausa Dievam un, ka īstais tās Autors – Dievs. Ņemsim konkrētu piemēru. Pieņemsim, ka kādā ciematā dzīvo veca māmuļa. Viņa grib nosūtīt vēstuli savam jaunākajam dēlam, kurš mācās pilsētā. Viņa neprot rakstīt un tāpēc nodiktējusi savu vēstuli vecākajam dēlam. Saņēmis šo vēstuli, jaunākais dēls apzinās, ka tā ir no mātes, bet ne no vecākā brāļa, kaut arī redz viņa rokrakstu. Tas pats arī Bībeles gadījumā.

Dieva mīlestības vēstījumi, pilni svētībām un apsolījumiem

Bībele bija Dieva iedvesmota, Dieva kalpu sarakstīta, lai atklātu Pašu Dievu. Jums vajadzētu ticēt, ka tas ir patiess Dieva Vārds, caur kuru Viņš atklājas cilvēkam.

Dieva Vārds ir Gars un dzīvība (Jāņa 6:63), tāpēc katrs, kas to dzird un tam tic, iegūst mūžīgo dzīvi un garīgās dzīves pārpilnību. Katrs, kas tic un paklausa Dieva Vārdam, saņem dzīvi pilnu izaugsmes un kļūst par pilnīgu Dieva cilvēku, kurš seko Jēzum Kristum.

Dievs atnāca uz šo pasauli miesā, lai atklātu Sevi cilvēcei, un šī Miesa bija Jēzus. Jēzus māceklis Filips nezināja par to un paprasīja, lai Jēzus parādītu viņam Dievu. Filips nesaprata, ka Pats Jēzus – iemiesots Dievs, ar to pašu apstiprinot patiesību apgalvojumam, par to, ka «lielais redzams no attāluma.» Jāņa ev. 14:8-10 un sekojošie panti atklāj sarunu starp Filipu un Jēzu:

Filips Viņam saka: «Kungs, rādi mums Tēvu, tad mums pietiek.» Jēzus viņam saka: «Tik ilgi Es jau esmu pie jums, un tu vēl neesi Mani sapratis, Filip? Kas mani ir redzējis, Tas ir redzējis Tēvu. Kā tu vari sacīt: rādi mums Tēvu? Vai tu netici, ka Es esmu Tēvā, un Tēvs Manī? Vārdus, ko es jums saku, Es nerunāju no Sevis; bet Tēvs, kas pastāvīgi ir Manī, dara savus darbus.»

Lai arī Jēzus pieveda pārliecinošus pierādījumus tam, ka Viņš un Dievs ir viens, veicot brīnumus, kurus nevar darīt bez Dieva spēka, Filips gribēja, lai Jēzus parādītu viņam Tēvu. Jēzus pavēlēja viņam ticēt Viņa mācībai pieņemot, kā liecības pierādījumus, parādītos brīnumus.

Tā, ka ar parasto cilvēcisko redzi redzēt Dievu nav iespējams, Dievs atnāca uz šo pasauli miesā, lai parādītu Sevi un Viņa vēlme tāpat bija uzrakstīt Bībeli.

Un tā iegūt svētības un atbildes, kas Dieva apsolītas Bībelē, iespējams, ja jums ir dārgas attiecības ar Dzīvo Dievu caur Bībeli, ja jūs zināt Viņa prātu un vēlmi un izpildāt Viņa Vārdu.

Katrs Vārds Bībelē – patiesība

Senās vēstures pētnieki ļauj mums uzzināt par ļaudīm un senatnes notikumiem. Vēsture – tā laika attīstības hronika, skaidri vēstoša par tiem vai citiem notikumiem, ļaudīm, agrāko laiku dzīves apstākļiem. Cilvēces vēsture pierāda Bībeles patiesumu. Ja uzmanīgi ieskatīsieties aprakstītajās situācijās, par ļaudīm, vietām un paražām, jūs varēsiet pārliecināties, ka Bībele pamatojas uz vēsturi un reāliem notikumiem.

Vecā Derība acīmredzami pamatojas uz reāliem faktiem, ieskaitot svarīgas vai vispārzināmas liecības, kas attiecas uz atsevišķiem indivīdiem, tautām vai ļaužu grupām no Ādama un Ievas laikiem. Tieši tāpēc Veco Derību Izraēlā arī šodien ciena, kā svētu un vienlaicīgi vēsturiski uzticamu mantojumu. Daudzi vēsturnieki atzīst Bībeli, kā uzticamu pirmavotu.

Vēsture pierāda Bībeles patiesumu

Vispirms es gribētu, pamatojoties uz Bībeli, padalīties ar jums Izraēla vēsturē un pierādīt, ka Bībele – Dieva Vārds, un tā ir patiesība.

Ādams – cilvēces pirmtēvs, sagrēkoja pret Dievu, un tāpēc visi viņa pēcnācēji, ļaudis, nostājās uz grēka ceļa un nepazina savu Radītāju – Dievu. Tieši tad Dievs izvēlējās vienu tautu un nolēma īstenot Savu gribu un vēlmi caur to.

Vispirms Dievs uzrunāja Ābrahāmu, kuram bija labākais «sirds lauks», iztīrīja viņu un darīja par ticības tēvu. Ābrahāms bija Īzaka tēvs, Īzaks – Jēkaba tēvs; Dievs nosauca Jēkabu par «Izraēlu» un radīja no divpadsmit viņa dēliem 12 ciltis.

Jēkaba dzīves laikā Dievs pārvietoja viņu uz Ēģipti un ļāva radīt tautu, palielinot viņa pēcnācēju skaitu un beidzot izveda tos uz Kānaānas zemi.

Dievs deva Mozum Likumus viņa klejojuma laikā tuksnesī, iemācīja izraēliešiem dzīvot pēc Sava Vārda un veda tos tikai ar Savu Vārdu.

Kanaānas zemē izraēlieši guva panākumus tikai, kad ievēroja Likumu. Katru reizi, kad tauta zemojās elkiem un darīja ļaunus darbus, tās spēks mazinājās, un tā cieta no svešzemju iebrucējiem. Izraēliešus meta cietumos un pārvērta par vergiem. Kad viņi nožēloja grēkus, to valsts atjaunojās. Šis aplis atkārtojās atkal un atkal.

Tādā veidā Dievs rāda visiem ļaudīm caur Izraēla vēsturi, ka Viņš ir dzīvs un, ka Viņš valda pār visu pēc Sava Vārda.

Jūs varat tāpat redzēt, ka bībeliskie pravietojumi piepildās un turpina piepildīties. Piemēram, Lūkas ev. 19:43-44, Jēzus runā par Jeruzālemi šādus vārdus:

«Jo nāks dienas pār tevi, kad tavi ienaidnieki ap tevi cels nocietinājumus, tevi ielenks no visām pusēm un spaidīs. Tie tevi nopostīs līdz pamatiem un tavus bērnus, neatstādami no tevis akmeni uz akmens, tāpēc ka tu neesi atzinusi savu apžēlošanas laiku.»

Šajos pantos Jēzus paredz Jeruzālemes pilsētas izpostīšanu sodot par tautas grēkiem. Šis pareģojums piepildījās 70 gadā, kad romas karavadonis Tits aplenca Jeruzālemi, kā rezultātā gāja bojā daudzi tās iedzīvotāji. Tas notika tikai 40 gadus pēc Jēzus pravietojuma.

Jēzus Mateja Evaņģēlijā 24:32 teica: *«Mācieties līdzību no vīģes koka. Kad viņa zaros jau pumpuri metas un lapas plaukst, tad jūs ziniet, ka vasara ir tuvu klāt.»* Vīģes koks šeit simbolizē Izraēla tautu, un šī līdzība saka, ka Izraēls iegūs neatkarību tuvojoties Jēzus Otrajai atnākšanai. Un vēsture apliecina šo Dieva Vārdu patiesumu, kad Izraēla krita 70 gadā un tika brīnumainā veidā atjaunota 1948. gada 14. maijā – pēc 1900 gadiem no tās nopostīšanas.

Vecās Derības pravietojumi un to piepildīšanās Jaunajā Derībā

Es pārliecinājos, ka bībeliskie Dieva Vārdi ir patiesība, kad uzzināju, kā Vecās Derības pravietojumi piepildījās Jaunās Derības laikā.

Vecās Derības Likumi nebija pilnīgs veids, kā «radīt patiesus Dieva bērnus.» Tie bija tikai ēna, kas rāda uz Dievu. Tāpēc arī Dievs apsolīja Mesijas atnākšanu Vecajā Derībā. Viņa izvēlētajā laikā Viņš sūtīja Jēzu Kristu šajā pasaulē, lai piepildītu savu apsolījumu.

Pilnīgi acīmredzams, ka Jēzus nonāca uz zemes apmēram pirms 2000 gadiem. Rietumu vēsture sadalās divos pamata periodos – no Jēzus dzimšanas laika. «Pirms Jēzus Kristus piedzimšanas», tas ir laiks līdz Jēzus Kristus piedzimšanai. Pat pati vēsture liecina par Jēzus dzimšanu. Palūkosimies uz 1.

Mozus grām. 3:15:

«Un es celšu ienaidu starp tevi un sievu, starp tavu dzimumu un sievas dzimumu. Tas tev sadragās galvu, bet tu viņam iekodīsi papēdī.»

Šī panta pravietojums nozīmē to, ka sievas sēkla atnāks un iznīcinās nāves varu. «Sieva» šajā pantā nozīmē Izraēlu. Un būtībā Jēzus atnāca uz zemi kā Jāzepa dēls, kurš piederēja izraēliešu Jūdas ciltij (Lūkas 1:26-32).

Jesajas grāmatā 7:14 teikts: *«Tādēļ Tas Kungs pats jums dos zīmi, jaunava kļūs grūta un dzemdēs dēlu, un viņa tam dos vārdu Imanuēls.»*

Tas nozīmē, ka Dieva Dēls būs sūtīts, lai izpirktu cilvēces grēkus, caur ieņemšanu no Svētā Gara. Īstenībā Jēzus piedzima Jaunavai Marijai no Svētā Gara (Mat. ev. 1:18-25).

Pēc pravietojuma Jēzum vajadzēja piedzimt Bētlēmes apkaimē, kā teikts pravieša Mihas grāmatā 5:1:

«Bet tu Bētlēme, kas esi maza starp tūkstošiem no Jūdas, no tevis nāks tas, kam jābūt par valdnieku Izraēlā un kura izcelšanās meklējama sensenos laikos, mūžības pirmslaikos.»

Piepildot šo Vārdu, Jēzus piedzima Bētlēmē Jūdejā ķēniņa Eroda valdīšanas laikā. Un to apliecina vēsture.

Ķēniņa Ēroda jaundzimušo nogalināšana Jēzus piedzimšanas laikā (Jeremijas grām. 31:15, Mateja ev. 2:16), Jēzus ieiešana

Jeruzālemē (Caharijas 9:9, Mateja ev. 21:1-11) un Jēzus Pacelšanās Debesīs (Psalmi 16:10, Apustuļa darbi 1:9) bija pareģoti un pilnībā piepildījās.

Un vēl, Jūdas nodevība, kurš bija sekojis Jēzum trīs gadus (Psalmi 40:10), un Jēzus pārdošana par 30 sudraba gabaliem (Caharijas 11:12) arī pilnībā piepildījās.

Tādā veidā redzot, kā piepildās Vecās Derības pravietojumi, mēs varam būt pārliecināti, ka Bībele ir patiesa un, ka tā ir patiess Dieva Vārds.

Bībeles pravietojumi, kuriem vēl jāpiepildās

Dievs darīja Jēzu Kristu par mūsu Glābēju, piepildot Vecās Derības pravietojumus Jaunās Derības laikos. Katrs pravietojuma vārds par Jēzu, Izraēla un visas cilvēces vēsturi nekļūdīgi piepildījies. Tuvākā vispasaules vēstures izpēte liek secināt par bībelisko pravietojumu patiesumu – gan to, kas jau piepildījušies un arī par tiem, kuriem vēl jāpiepildās.

Pravieši, kā Vecās Derības laikos, tā arī Jaunajā Derībā pareģoja lielu impērijas rašanos un sagrūšanu, Jeruzālemes sagrūšanu un atjaunošanu, un tāpat lielu vēsturisku personu likteni. Daudzi Bībeles pravietojumi piepildījušies un piepildās mūsu laikā un cilvēcei vēl stāv priekšā kļūt par Jēzus Otrās atnākšanas lieciniekiem, Draudzes Aizraušana, Tūkstošgadu Miera Valsts un Sods Varenā Baltā Troņa priekšā. Mūsu Kungs gatavo mums vietu, kā Viņš apsolījis (Jāņa 14:2), un drīzumā Viņš uzņems mūs mūžīgajos mājokļos.

Mūsu pasaule pašlaik cieš no bada, zemestrīcēm, dabas

anomālijām un kolosālām kataklizmām. Nevajag to uzskatīt par vienkāršu sagadīšanos, tā ka jāapzinās, ka tuvojas Jēzus Otrā atnākšana (Mateja ev. 24:3-14). Jums vajag iegūt glābšanas pilnību, esot modriem un greznojot sevi kā Līgavu.

Vārds par Krustu

2. Nodaļa

DIEVS IR RADĪTĀJS UN CILVĒKA IZVEIDOTĀJS

- Dievs rada cilvēku
- Kāpēc Dievs veido cilvēci?
- Dievs atdala kviešus no salmiem

«Un Dievs radīja cilvēku pēc Sava tēla, pēc Dieva tēla Viņš to radīja, vīrieti un sievieti viņš radīja. Un Dievs tos svētīja un sacīja uz tiem: «Augļojieties un vairojieties! Piepildiet zemi un pakļaujiet to sev, un valdiet par zivīm jūrā un putniem gaisā, un katru dzīvu radījumu, kas rāpo pa zemi.»»

1. Mozus 1:27-28

Vismaz kaut reizi dzīvē jūs laikam esat sev uzdevuši globālus jautājumus par savu izcelšanos, mērķi, dzīves uzdevumu un dzīves jēgu. Iespējams, jūs esat arī pūlējušies uz tiem atbildēt. Daudz ļaužu pavada visu savu dzīvi meklējot ticamas atbildes uz šiem jautājumiem, bet nomirst, tā arī tās neatraduši.

Šīs pasaules pazīstamākie gudrie Konfūcijs, Buda un Sokrāts, tāpat pūlējās izprast šos svarīgos jautājumus. Konfūcijs vispirms koncentrējās uz morāli, pasvītrojot labo darbu vērtību, kā ētisku ideālu, ar to piesaistot daudzskaitlīgus sekotājus. Buda pielika daudz pūļu, lai paceltos pāri pasaules esamībai. Sokrāts pēc savas saprašanas meklēja patiesību zināšanās.

Tomēr neviens no viņiem nav mācējis atrast galīgo pamatrisinājumu un nav ieguvis ne īsto patiesību, ne mūžīgo dzīvi. Jo īstenība, apslēptā līdz pasaules radīšanai, ir kautkas garīgs, neredzams un neaptverams. Nav iespējams atrast skaidras atbildes uz dzīves svarīgiem jautājumiem bez Dieva Radītāja atklāsmes par cilvēces veidošanu.

Dievs rada cilvēku

Bezgalīgs noslēpums ir orgānu, šūnu un cilvēka ķermeņa audu uzbūve. Dievs, tik brīnumaini radot cilvēku, vēlas iegūt patiesus bērnus ar kuriem Viņš varētu dalīties vienmēr Savā mīlestībā. Šī mērķa dēļ Dievs radīja cilvēku pēc Sava tēla un līdzības, veido ļaudis un sagatavojis Debesis. Kādā tad veidā Dievs radījis visu Visumā, ieskaitot cilvēku?

Dieva radīšanas sešas dienas

1 Mozus grām., 1. nodaļa apraksta sešas dienas, kurās Dievs radīja debesis un zemi. Dievs teica: *«Lai top gaisma»*, un radās gaisma (3. pants). Pēc tam Dievs teica: *«Lai saplūst vienkopus ūdeņi, kas zem debesīm, ka sausums taptu redzams»*, un kā mēs zinām, tā notika (9. pants). Un tā tālāk.

Kā teikts vēstulē Ebrejiem 11:3: *«Jo ticībā mēs noprotam, ka pasaule ir radīta Dieva vārda spēkā, ka no neredzamā cēlies redzamais.»* Dievs radīja visu Visumu ar Savu vārdu.

Pirmajā dienā Dievs radīja gaismu, bet otrajā debesis. Trešajā dienā, kad Dievs teica: *«Lai saplūst vienkopus ūdeņi, kas zem debesīm, ka sausums taptu redzams»*, tā arī notika, un Dievs nosauca sausumu par zemi, bet ūdens krājumus par jūru. Pēc tam Dievs teica: *«Lai zeme izdod zāli un augus, kas sēklu nes, un augļu kokus, kas augļus nes, pēc savas kārtas, kam sēkla sevī, virs zemes»* (1. Mozus 1:11), Un zeme izdeva zāli, augus, kas izsēj sēklas pēc to kārtas un kokus, kas nes augļus un sēklas tajos pēc to kārtas. Ceturtajā dienā Viņš radīja Sauli, Mēnesi un zvaigznes debesīs, lai Saule valdītu dienā, bet Mēness – naktī. Piektajā dienā Viņš radīja visādus jūras dzīvniekus, kuri bagātīgi dzīvo ūdenī, pēc to kārtas, un visādu putnus gaisā pēc to kārtas. Sestajā dienā viņš radīja lopus un rāpuļus, kas dzīvo virs zemes un savvaļas zvērus, katru pēc tā kārtas.

Cilvēks radīts pēc Dieva līdzības

Dievs Radītājs sešas dienas radīja apkārtējo vidi, kas derīga cilvēka dzīvošanai, bet pēc tam radīja cilvēku pēc Savas līdzības. Viņš pilnvaroja viņu kļūt par valdnieku pār visu zemes radību un pavēlēja valdīt pār tiem.

Un Dievs radīja cilvēku pēc Sava tēla, pēc Dieva tēla Viņš to radīja, vīrieti un sievieti viņš radīja. Un Dievs tos svētīja un sacīja uz tiem: «Augļojieties un vairojieties! Piepildiet zemi un pakļaujiet to sev, un valdiet par zivīm jūrā un putniem gaisā, un katru dzīvu radījumu, kas rāpo pa zemi» (1. Mozus 1:27-28).

Kā tad Dievs radīja cilvēku?

«Un Dievs Tas Kungs radīja cilvēku no zemes pīšļiem un iedvesa viņa nāsīs dzīvības dvašu; tā cilvēks tapa par dzīvu dvēseli» (1. Mozus 2:7).

Dotajā pantā ar pīšļiem jāsaprot māls. Mākslinieki – podnieki var no kvalitatīva māla radīt dārgu keramiku, vai balto porcelānu. Citi podnieki veido parastus neglazētus traukus, dakstiņus vai ķieģeļus.

Māla izstrādājuma vērtība atkarīga no tā, cik meistarīgi tas izgatavots, no māla veida un keramikas tipa. Visspēcīgais Dievs

Radītājs izveidojis cilvēku pēc Sava tēla un līdzības – tad cik gan brīnišķīgs ir šis Viņa radījums?

Piešķirot cilvēkam Savu tēlu, Dievs iepūta elpu tajā, kurš iepriekš bija tikai pīšļi, dzīvības elpu, tas ir dzīvu enerģiju, un cilvēks kļuva par dzīvu dvēseli. Dzīves elpa ir spēks, vara, enerģija un gars no Dieva.

Dievs dāvāja cilvēkam dzīvības elpu

Iedomājoties fluorescējošās gaismas izstarošanas procesu, jūs varēsiet labāk izprast arī cilvēka, kā dzīvas dvēseles radīšanas procesu. Ja jūs vēlaties, lai priekšmets mirgotu, vajag vispirms izgatavot fluorescējošu krāsu, noklāt ar to vajadzīgo priekšmetu, bet pēc tam ieslēgt fluorescējošu lampu. Līdz laikam, kamēr tas nebūs gaismas iespaidots, pats priekšmets neizstaros gaismu.

Televizors mūsu mājās darbojas tāpat. Jūs nevarēsiet uztvert programmas, kamēr nepieslēgsiet to enerģijas avotam un tikai pēc tam varēsiet ieraudzīt attēlu uz ekrāna un izdzirdēt balsi. Pietiekoši nospiest slēdzi, un attēls parādīsies uz ekrāna. Vienlaikus televizora uzbūve ir ļoti sarežģīta un ietver daudzumu vissmalkākās detaļas.

Līdzīgā veidā Dievs radīja no zemes pīšļiem ne tikai ārējo cilvēka izskatu, bet arī iekšējos orgānus un kaulus. Viņš radīja asinsvadus pa kuriem plūst asinis un nervu sistēmu, kura ideālā veidā pilda savas funkcijas.

Dieva spēks var pārvērst pīšļus maigā ādā tad, kad Viņš to vēlas. Līdzīgi kā pieslēdzot pie elektrības, Viņš iedvesa cilvēkā dzīvības elpu. Tajā pat brīdī cilvēka organismā sāka cirkulēt asinis, viņš varēja elpot un kustēties. Un vēl, Dievs apveltīja smadzenes ar atmiņas šūnām, dāvājot cilvēkam spēju atcerēties to, ko viņš dzirdējis un jutis. Iegaumētais kļūst par zināšanām, un zināšanas izpaužas, kā spēja domāt. Dzīvē iegūto zināšanu izmantošana saucas par gudrību. Ļaudis, kaut arī ir parasti radījumi, pavairojuši savu gudrību un zināšanas, un radījuši attīstītu zinātnisku civilizāciju. Tagad viņi pēta Visumu, rada datorus un līdzīgi tam, kā Dievs radījis smadzeņu atmiņas šūnas, cilvēki ieliek datora atmiņā kolosālus informācijas apjomus, kuri vienmēr atrodas viņu rīcībā. Cilvēks sasniedzis to, ka viņa radītās iekārtas satur mākslīgo intelektu, tās var atpazīt burtus un cilvēka balsi, tās ir spējīgas sazināties ar citām tādām pašām iekārtām. Ar laiku šīs tehnoloģijas arvien vairāk attīstīsies.

Cik gan nesalīdzināmi vienkārši bija Visvarenajam Dievam Radītājam, kad Viņš radīja cilvēku no zemes pīšļiem un iepūta viņā dzīvības elpu! Dievs var bez pūlēm radīt kaut ko no nekā, bet priekš cilvēka tas ir dīvaini un neiespējami (Ps. 138:13-14).

Kāpēc Dievs veido cilvēci?

Jēzus norāda mums par Dieva nodomu daudzās līdzībās. Tā, ka garīgo pasauli ir grūti saprast izmantojot cilvēciskās zināšanas, Viņš, lai tas būtu saprotamāk, lieto piezemētus piemērus savās līdzībās.

Daudzas no tām stāsta par cilvēces veidošanu. Piemēram, tādas ir līdzības par sējēju (Mateja ev. 13:3-23; Marka ev. 4:3-20;

Lūkas ev. 8:4-15), par sinepju graudiņu (Mateja ev. 13:31-32; Marka ev. 4:30-32; Lūkas ev. 13:18-19), par labo sēklu un nezālēm (Mateja ev. 13:24-30; 36-43), par strādniekiem vīna kalnā (Mateja ev. 20:1-16) un par ļaunajiem vīna dārza strādniekiem (Mateja ev. 21:33-41; Marka ev. 12:1-9; Lūkas ev. 20:9-16).

Šīs līdzības parāda mums, ka līdzīgi tam, kā zemnieks attīra zemi, sēj sēklas, audzē tās un novāc ražu, Dievs radījis un audzē cilvēci uz zemes un kādreiz atdalīs kviešus no salmiem.

Dievs vēlas dalīties patiesā mīlestībā ar Saviem bērniem

Dievam ir ne tikai dievišķs sākums, bet arī cilvēcisks. Dievišķums ir Paša Visvadošā un Visspēcīgā Dieva Radītāja spēks, bet cilvēciskais – cilvēka saprāts. Tā Dievs noteicis likumus, kuri vada Visumu, cilvēces vēsturi un katra atsevišķa cilvēka dzīvi. Viņš tāpat izjūt prieku, naidu, bēdas un laimi, un vēlas dalīties mīlestībā ar Saviem bērniem.

Bībele daudz reižu rāda mums, ka Dievs ir personība, līdzīga cilvēka personībai. Dievs priecājas un svētī cilvēkus, kad viņi, radītie pēc Dieva tēla rīkojas pareizi, taču viņš cieš un kvēlo naidā, kad viņi grēko. Dieva vēlme būt kontaktā ar Saviem bērniem un dot tiem labāko nereti izpaužas Dieva Vārdā.

Ja Dievam būtu tikai vienas dievišķas rakstura īpašības, Viņam nebūtu vajadzīga atpūta pēc sešām Visuma radīšanas dienām, un Viņš negribētu saskarsmi ar mums, sakot: «*Lūdziet bez mitēšanās Dievu*» (1. vēst. Tesaloniķiešiem 5:17), un *«piesauc Mani, tad Es tevi uzklausīšu un tev atklāšu lielas un brīnišķīgas lietas, kas tev nebija zināmas»* (Jeremijas grām. 33:3).

Reizēm jūs vēlaties vientulību, bet iespējams vairāk laimes jums dod cita – līdzīgi domājoša sabiedrība, kurš spējīgs dalīties ar jums mīlestībā. Līdzīgā veidā Dievs radīja cilvēku pēc Savas līdzības, tāpēc, ka vēlas dalīties savā mīlestībā. Viņš veido cilvēka garu uz šīs zemes, tāpēc, ka grib patiesus bērnus, kuri saprastu Viņa sirdi un mīlētu Viņu no visas savas sirds.

Dievs vēlas bērnus, kas Viņam paklausītu no savas brīvas gribas

Daži, iespējams, uzdod jautājumus: Kāpēc Dievs radījis cilvēka cilti un audzē to, neskatoties uz to, ka Viņa rīcībā ir liels daudzums paklausīgu eņģeļu un debesu spēku? Tomēr lielākajai eņģeļu daļai nav cilvēciskas rakstura īpašības, bez kurām nav iespējamas mīlošas attiecības. Citiem vārdiem, viņiem nav gribas brīvības, lai paši pieņemtu lēmumus. Nespējot atšķirībā no ļaudīm izjust prieku, naidu, skumjas vai laimi, viņi izpilda pavēles, līdzīgi automātam. Tieši tādēļ viņi nevar dalīties ar Dievu tādā mīlestībā, kura nāk no pašas sirds.

Piemēram, iedomājieties sevī, ka jums ir divi bērni. Viens no tiem vienmēr izpilda jūsu vēlēšanos, pie tam neizrādot ne emocijas, ne savas domas, vārdu sakot – labi ieprogrammēts robots. Cits netaupa jūsu jūtas, taču drīzumā nožēlo, pieglaimojas jums un dažādos veidos liek jums saprast, kas viņam uz sirds. Kuru tad no šiem diviem bērniem jūs mīlēsiet vairāk?

Protams otro.

Pieņemsim, jums ir robots, kurš gatavo, tīra māju un pakalpo jums. Neskatoties uz visu to, jūs nemīlēsiet viņu vairāk, kā paša bērnus. Lai arī cik centīgi šis robots nepūlētos, lai arī cik noderīgs tas jums nebūtu, bērnus tas jums neaizvietos.

Tāpat Dievam vairāk patīk ļaudis, kas ar prieku, pēc brīvas gribas un prāta pakļaujas Viņam, nekā eņģeļi un debesu spēki, kuri darbojas kā roboti, ieprogrammēti uz paklausību. Viņš dāvājis ļaudīm brīvu gribu un Savu Vārdu. Viņš mācījis viņiem to, kas ir labs un kas ļauns, kāds ir glābšanas ceļš un kāds nāves ceļš. Viņš pacietīgi gaida, kad viņi kļūs par īstiem bērniem.

Dievs veido cilvēci ar vecāku mīlestību

1. Mozus grām. 6:5-6, teikts: *«Kad Dievs redzēja, ka cilvēku ļaunums augtin auga zemes virsū un ka viņu sirdsprāta tieksmes ik dienas vērsās uz ļaunu, tad Dievam kļuva žēl, ka Viņš cilvēku zemes virsū bija radījis, un Viņš savā sirdī ļoti noskuma.»*

Vai tas nozīmē, ka Dievs šo faktu nezināja, kad radīja cilvēci? Protams, noteikti viņam tas bija zināms. Dievs visuvadošs un visspēcīgs, tāpēc Viņš zināja visu vēl pirms laiku sākuma. Un, neskatoties uz to, Viņš radīja cilvēku un sāka audzināt to.

Ja jūs esat vecāki, tad iespējams jums būs vieglāk saprast to. Tas nav viegli radīt un audzināt pēcnācējus! Gaidot bērnu sieviete deviņus mēnešus pārdzīvo daudzveidīgu sliktu pašsajūtu, ieskaitot, piemēram, sliktu dūšu. Dzemdību laikā māte cieš lielas sāpes. Lai pabarotu, apģērbtu un mācītu bērnus vecākiem kolosāli daudz jāupurē un jāstrādā dienām un naktīm, nenolaižot rokas. Vajag tikai bērnam nedaudz aizkavēties, un māte ar tēvu sāk uztraukties. Kad bērns slimo, vecāki cieš vēl vairāk. Kāpēc tad vecāki izvēlas audzināt bērnus, neskatoties uz visām grūtībām un zaudējumiem? Iemesls ir tajā, ka vecāki grib dalīties savā mīlestībā ar kādu, un īpaši ar tādu radību, kura spējīga sajust vecāku mīlestību un atbildēt ar to pašu. Vecākiem pat grūtības dod prieku. Vēl vairāk, cik brīnišķīgi ir bērni, kas līdzīgi saviem vecākiem! Protams, ne visi bērni spējīgi izpildīt savu pienākumu pret vecākiem. Daži mīl un godā tēvu un māti, citi tiem atnes tikai bēdas.

Līdzīgā veidā, audzinot bērnus, vecāki bieži mocās, bet tādēļ neizjūt nožēlu. Pretēji, viņi nes kolosālus upurus, lai viņu mazuļu bērnība būtu laba, un viņi kļūtu par to prieku. Tāpat arī Dievs iepriekš zināja par cilvēku nepaklausību un samaitātību, zināja, ka tie atnesīs bēdas, bet Viņam bija zināms arī tas, ka starp tiem atradīsies arī patiesi bērni, kuri dalīsies viņa mīlestībā. Tāpēc arī Dievs radīja cilvēku cilti un pēc Savas gribas veido to.

Dievs vēlas būt pagodināts caur Saviem īstajiem bērniem

Dievs audzē cilvēku dvēseles uz zemes, ne tikai, lai iegūtu patiesus bērnus, bet, lai arī pagodinātos caur tiem. Jā, Dievs pieņem varenās eņģeļu saimes un Debesu spēku slavināšanu. Tomēr Viņam vairāk gribētos saņemt slavēšanu no Viņa izaudzētajiem īstajiem bērniem.

Dievs saka Jesajas grām. 43:7, ka *«visus, kas nosaukti Manā*

Vārdā un ko Es esmu radījis sev par godu, visus, ko Es esmu veidojis un uzturējis!» un pamāca mūs 1. vēst. Korintiešiem 10:31 *«Tāpēc, vai ēdat, vai dzerat, visu to dariet Dievam par godu.»* Dievs ir Radītājs, Mīlestība un Taisnība. Viņš atdevis Savu Vienīgo un Vienpiedzimušo Dēlu, lai mēs taptu glābti, sagatavojis Debesis un mūžīgo dzīvi. Viņš ir vairāk kā slavas cienīgs. Un vēl, Viņš vēlas pagodināt tos, kas pagodina Viņu.

Tāpēc jums jākļūst par patiesiem Dieva bērniem, kuri spējīgi dalīties Viņa mīlestībā mūžībā, saprotot, kāpēc Dievs vēlas būt pagodināts caur Saviem garīgi izaudzinātajiem bērniem.

Dievs atdala kviešus no salmiem

Zemnieki apstrādā zemi, jo grib ievākt bagātu ražu. Dievs tāpat strādā pie cilvēku gara uz zemes, lai iegūtu patiesus bērnus, kuri ne tikai mīl un dod godu Viņam no visas sirds, bet arī vēlāk dalīsies ar Viņu mūžīgajā mīlestībā Debesīs.

Pļaujas laikā tiek nopļauti ne tikai kvieši, bet arī salmi, tāpēc zemnieki atdala tos vienu no otra; savāc kviešus klētī un sadedzina salmus ugunī. Līdzīgā veidā Dievs atdalīs «kviešus» no «salmiem», kad cilvēku dvēseļu veidošana būs pabeigta:

«Tam vēteklis rokā, un viņš tīrīs savu klonu, un viņš sakrās savus kviešus klētī, bet pelavas sadedzinās ar neizdzēšamu uguni» (Mateja ev. 3:12).

Tāpēc mums vajag cieši ticēt, ka Dievs veido cilvēku garu uz zemes un, ka Savā laikā Viņš pļaus «kviešus» – patiesos bērnus, lai tie dzīvotu mūžīgi Debesīs, bet – «salmus» sadedzinās neizdzēšamās elles ugunīs.

Tagad padomāsim par to, kāda veida cilvēki Dieva acīs kvieši, un kuri – salmi un, kas tās par vietām – Debesis un elle.

Kvieši un salmi

Kvieši simbolizē tos, kas pieņēmuši Jēzu Kristu, staigā patiesībā un dalās Dieva mīlestībā. Tādi ir Gaismas bērni, kas atjaunojuši sevī zaudēto Dieva līdzību un izpildījuši visas Dieva pavēles.

Turpretim, salmi personificē tos, kas nav pieņēmuši Jēzu Kristu, vai tos, kuri vārdos tic, bet darbos nedzīvo pēc Dieva Vārda, bet seko tikai savām ļaunajām iegribām.

1. vēst. Timotejam 2:4, mūsu Dievs aprakstīts kā tāds, *«Kas grib, lai visi cilvēki tiek izglābti un nāk pie patiesības atziņas.»* Tas nozīmē, ka Dievs vēlas, lai visi cilvēki veidotos par kviešiem un ieietu Debesu Valstībā. Dievs grib, lai jūs dziļi to apzinātos un ved jūs uz glābšanas ceļa. Taču daži ļaudis tomēr pārkāpj Dieva gribu un Viņa paredzēto, dzīvojot pēc pašu iegribām. Dieva priekšā šādi cilvēki ne ar ko nav labāki par dzīvniekiem, tāpēc ka viņi pazaudējuši cilvēciskās vērtības.

Zemnieki sadedzina salmus ugunī vai izmanto tos kā mēslojumu, tādēļ ka, ja kviešus uzglabās kopā ar salmiem, tad kvieši sabojāsies. Tāpēc Dievs nepieļaus salmus Debesu Valstībā, kur būs kvieši. Atšķirībā no dzīvniekiem, cilvēkam dota nemirstīga dvēsele, jo Dievs pie radīšanas iedvesa viņā dzīvības elpu. Tāpēc Dievs nevar iznīcināt salmus, vai darīt tos par neko. Neizbēgami tas, ka Dievs paņems kviešus uz Debesīm, kur sagatavota mūžīga laime, bet salmi degs neizdzēšamā elles ugunī mūžam. Un tā, jums vajadzētu atcerēties par šo faktu, lai izbēgtu no elles ugunīm.

Debesu skaistums un elles šausmas

No vienas puses Debesis ir tik brīnišķīgas, ka tās nevar salīdzināt ne ar ko šajā pasaulē. Piemēram, puķes šajā pasaulē ātri novīst, bet debesīs tās nekad nenovīst un nenokrīt, tāpēc ka Debesīs viss ir mūžīgs. Ceļi bruģēti ar tīru kā stikls zeltu, bet Dzīvības upe laistās kā caurspīdīgs kristāls un apmazgā mājokļu sliekšņus, kas uzbūvēti no visiem iespējamiem dārgakmeņiem. Viss ir neizsakāmi brīnišķīgs (sk. manas grāmatas *«Debesis I»* un *«Debesis II»*).

No otras puses elle – tā ir vieta, kur tārpi nemirst un uguns nedziest. Katrs tur ugunī taps sālīts (Marka ev.9:48-49). Un vēl, tur ir liesmojoša sēra jūra, kura ir septiņas reizes karstāka par uguns jūru (Atklāsmes 20:10-15). Neizglābtie nolemti mūžīgai dzīvei neizdzēšamā ugunī vai sēra jūrā. Cik briesmīga un šausmu pilna mūžīga dzīve tur! (Sk. grāmatu *«Elle»*)

Tāpēc Jēzus Marka Evaņģēlijā 9:43 sacījis: *«Jeb, ja tevi tava roka apgrēcina, nocērt to. Tev ir labāki kā kroplim ieiet dzīvībā, nekā ar divām rokām noiet ellē, neizdzēšamā ugunī.»*

Kāpēc Mīlestības Dievam vajadzēja radīt gan briesmīgo elli, gan brīnišķīgās Debesis? Ja ļauniem cilvēkiem atļaus ieiet vietā, kur mīt labestīgie un Dievs iemīļotie, tad tas darīs sāpes laba darītājiem, un Debesis tiks apgānītas ar ļauno. Īsi runājot, Dievs pieļāvis elli aiz mīlestības pret ļaudīm un vēloties apveltīt Savus bērnus ar visu pašu labāko.

Sods Lielā Baltā Troņa priekšā

Kā zemnieks sēj sēklu un ievāc ražu no gada gadā, tā arī Dievs veido cilvēku garu kopš Ādama izdzīšanas no Ēdenes dārza un līdz pat Otrajai Jēzus atnākšanai.

Dievs atklājis Savu prātu ticības vīriem, tādiem kā Jona, Ābrahāms, Mozus, Jānis Kristītājs, apustuļi Pēteris un Pāvils. Šodien Viņš turpina veidot cilvēku garu caur Saviem kalpotājiem un līdzstrādniekiem. Bet tā, ka nemēdz būt sākums bez beigām, arī cilvēku dvēseļu veidošana neturpināsies mūžīgi.

Otrā Pētera vēst. 3:8, mums saka: *«Bet to vien turiet vērā mīļie, ka viena diena tam Kungam ir kā tūkstoš gadi, un tūkstoš gadi kā viena diena.»* Līdzīgi tam, kā Dievs atpūtās septītajā dienā, pēc sešu dienu Visuma radīšanas, Otrā Jēzus atnākšana notiks pēc sešiem tūkstošiem gadu no Ādama grēkā krišanas laika. Pēc tam, pēc soda Lielā Baltā Troņa priekšā, Dievs ļaus kviešiem ieiet Debesīs un iegāzīs salmus uguns liesmās.

Tāpēc es lūdzos tā Kunga, mūsu Jēzus Kristus vārdā, lai jūs dziļi izprastu Dieva prātu un mīlestību, kas ietverta cilvēces veidošanā un dotu godu Dievam cerībā uz Debesīm.

3. Nodaļa

LABA UN ĻAUNA ATZĪŠANAS KOKS

- Ādams un Ieva Ēdenes dārzā
- Ādams nepaklausīja pēc savas paša brīvas gribas
- Grēka alga ir nāve
- Kāpēc Dievs ievietoja Ēdenes dārzā laba un ļauna atzīšanas koku?

«Un Dievs Tas Kungs – ņēma cilvēku un ielika viņu Ēdenes dārzā, lai viņš to koptu un sargātu. Un Dievs Tas Kungs pavēlēja cilvēkam sacīdams: «No visiem dārza kokiem ēzdams ēd, bet no laba un ļauna atzīšanas koka tev nebūs ēst, jo tai dienā, kad tu ēdīsi no tā, tu mirdams mirsi.»

1. Mozus 2:15-17

Ļaudis, kuri nepazīst lielo Dieva Radītāja mīlestību un Viņa dziļo un pilnīgo vadību, Savu īsteno bērnu audzināšanā, var jautāt: «Kāpēc Dievs ievietoja Ēdenes dārzā laba un ļauna atzīšanas koku?» «Kāpēc Viņš atļāva pirmajam cilvēkam nostāties uz bojāejas ceļa?» Viņi domā, ka cilvēks varētu nemirt, bet mūžīgi baudīt laimīgo dzīvi Ēdenes dārzā, ja Dievs tur nebūtu ievietojis tādu koku.

Daži no viņiem pat apgalvo kaut ko tādu: «Dievs laikam nezināja iepriekš, ka Ādams iekodīs laba un ļauna atzīšanas auglī.» Tā runā, tāpēc ka netic, ka Dievs visu vada un ir visspēcīgs. Vai Viņš tiešām šo koku Ēdenes dārzā ievietoja aiz nezināšanas, nepadomājot par Ādama nepaklausību nākotnē? Vai Dievs iestādīja šo koku tur speciāli, lai aizvestu cilvēku uz nāves ceļa? Protams, ka nē!

Tad kāpēc Dievs ievietoja Ēdenes dārza vidū laba un ļauna atzīšanas koku? Kāpēc Ādams nepaklausīja Dieva pavēli un aizgāja pa bojā ejas ceļu?

Ādams un Ieva Ēdenes dārzā

Dievs radīja cilvēku no zemes pīšļiem un iepūta viņā dzīvības elpu, un kļuva cilvēks ar dzīvu dvēseli (1. Mozus 2:7). Dzīva dvēsele – tas ir garīgs radījums, kuram nav nekādu zināšanu pie radīšanas. Ņemsim vienkāršu piemēru. Jaundzimušam mazulim nav ne gudrības, ne zināšanu. Atmiņas mehānisms ir ielikts jaundzimušā smadzenēs, bet viņš vēl neko nav redzējis, ne dzirdējis un neko nav mācījies. Un darboties mazulis var tikai instinktīvi.

Tātad arī Ādamam nebija garīgas gudrības vai zināšanu, kad viņš kļuva par dzīvu dvēseli, tas ir dzīvu būtni.

Ādams apguva dzīves zinības no Dieva

Dievs iestādīja dārzu austrumos, Ēdenē un ielika tur Ādamu. Un staigājot tur vienatnē ar viņu Dievs deva viņam zināšanas par dzīvi un īstenību, lai uzticētu Ādamam Ēdenes dārza pārvaldīšanu un aprūpi.

1. Mozus 2:19 teikts: *«Tad Dievs Tas Kungs veidoja no zemes ikvienu lauku zvēru un ikvienu putnu gaisā un pieveda tos pie cilvēka, lai redzētu, kādā vārdā viņš tos nosauks, un, kā cilvēks nosauktu ikvienu dzīvu radījumu, tāds lai būtu tā vārds.»* Ādams bija apveltīts ar pietiekošām zināšanām, lai visu pārvaldītu.

Dievs tāpat nolēma, ka nav labi Ādamam būt vienam. Tad Dievs uzsūtīja cilvēkam dziļu miegu, lai radītu tam piemērotu palīgu. Kad tas gulēja, Dievs paņēma vienu no viņa ribām un apklāja to vietu ar miesu. Pēc tam viņš no cilvēka ņemtās ribas izveidoja sievieti un atveda to pie viņa. Dievs savienoja cilvēku ar viņa sievu, un viņi kļuva par vienu miesu (1. Mozus 2:20-22).

Un tas bija ne tāpēc, ka Ādams sajustos vientuļš, bet tāpēc, ka vēl no laika iesākuma Dievs ilgi bija viens un zināja, kas tas ir vientulība. Liela mīlestība un Dieva labestība vadīja Viņu pie tā, lai radītu Ādamam palīgu, un Viņš, iepriekš zinot, kas notiks ar Ādamu, svētīja cilvēku un viņa sievu, lai viņi vairotos, gūtu panākumus un piepildītu zemi.

Ādams ilgi dzīvoja Ēdenes dārzā

Cik gan ilgi Ādams un viņa sieva, Ieva dzīvoja Ēdenes dārzā? Bībele par to sīki nestāsta, taču mums vajadzētu zināt, ka viņi tur dzīvoja ievērojami ilgāk, nekā domā ļaužu vairākums. Bībele par faktiem vēsta tikai ar dažiem pantiem. Tāpēc daudzi uzskata, ka Ādams iekoda aizliegtajā auglī un nostājās uz pazušanas ceļa jau drīz pēc tā, kad Dievs ielika viņu Ēdenes dārzā. Daži jautā: «Bībele runā, ka cilvēces vēsture ir tikai seši tūkstoši gadu, bet kā izskaidrot izrakumos atrastās lietas, kuras ir simtu tūkstošu gadu vecas?»

Bībelē cilvēces civilizācija tiek skaitīta ap mēram 6 tūkstošus gadu no laika, kad Ādams un Ieva tika izdzīti no Ēdenes. Šajos 6 tūkstošos gados netiek ieskaitīts garais periods, kad viņi atradās Ēdenes dārzā. Laiks gāja un virs zemes notika varenas ģeoloģiskas un ģeogrāfiskas pārmaiņas, tādas, kā zemes garozas pārbīde un ar vairākiem dzimšanas un izmiršanas cikliem. Daudzi atrastie izrakteņi liecina par šo faktu, par ko mēs runājām 1. nodaļā.

Kad Dievs svētīja Ādamu un viņa sievu (1. Mozus 1:28), pirmais cilvēks Ādams ilgu laiku staigāja ar Dievu, pirms tika nolādēts. Viņam dzima daudz bērnu, piepildot Ēdenes dārzu. Kā visa radītā pārvaldnieks, Ādams pakļāva zemi un saimniekoja uz tās tāpat kā Ēdenes dārzā.

Ādams nepaklausīja pēc savas paša brīvas gribas

Dievs deva Ādamam un Ievai brīvu gribu un ļāva tiem baudīt Ēdenes dārza pārpilnību un prieku. Taču bija viens, ko Dievs bija aizliedzis. Dievs pavēlēja viņiem neēst augļus no laba un ļauna atzīšanas koka.

Ja Ādams būtu sapratis visu Dieva sirds nodomu dziļumu un patiesi iemīlējis Dievu, viņš nebūtu kodis aizliegtajā auglī, tāpēc, ka zināja Dieva pavēli. Taču viņš nepaklausīja šai īpašajai pavēlei, jo nemīlēja Dievu patiesi.

Dievs iestādīja laba un ļauna atzīšanas koku Ēdenes dārzā un noteica stingru likumu starp Dievu un cilvēku. Viņš atļāva cilvēkam pildīt šo noteikumu pēc paša personīgās brīvās gribas. Tāpēc, ka viņš gribēja iegūt īstus bērnus, kuri Viņam paklausītu no visas sirds.

Ādams nonicināja Dieva Vārdu

Bībelē Dievs bieži apsola svētības tiem, kas paklausa visiem Viņa baušļiem un ņem vērā katru Viņa Vārdu (5. Mozus grām. 15:4-6; 28:1-14). Kurš gan klausa visus Viņa likumus? Pat Bībele atzīst, ka pasaulē dzīvo tikai daži cilvēki, kuri to spēj.

Dievs, tā vajadzētu būt, mācīja pirmo cilvēku Ādamu, ka tas

baudīs mūžīgo dzīvi un svētības līdz tam brīdim, kamēr paklausīs Dievam, taču ja neklausīs Viņam, iegūs mūžīgo nāvi. Dievs brīdināja viņu neēst no laba un ļauna atzīšanas koka. Un tomēr Ādams un Ieva pārkāpa Dieva bausli un ēda aizliegto augli. Sātans jau no paša sākuma mēģināja izjaukt Dieva plānu, izaudzināt patiesus garīgos bērnus. Beidzot sātans ar čūskas, kura bija viltīgāka par citiem lauka zvēriem (1. Mozus 3:1) guva uzvaru, iekārdinot tos ar augli. Kāpēc Ādams nepaklausīja Dieva pavēlei, kaut arī bija dzīvs garā un bija paša Dieva mācīts patiesībā? 1. Mozus grām. 2:15 mēs lasām, ka Dievs uzticēja Ādamam valdīt un rūpēties par Ēdenes dārzu. Ādams saņēma spēku un varu no Dieva apkopt un apsargāt to. Dievs uzticēja viņam apsargāt dārzu, lai ienaidnieks – velns un sātans nenopostītu to. Tomēr sātans iemanījās kaut kā iespaidot čūsku uz to, lai iekārdinātu Ādamu un Ievu. Kā tas kļuva iespējams?

Ja īsumā, tad sātans – tas ir ļauns gars, kam pieder vara valstībā, kas atrodas gaisā. Sātans ir bezformīgs. Vēstulē Efeziešiem 2:2 par sātanu teikts, ka tas ir gaisa valsts valdnieks, gars, kas vēl tagad ir spēcīgs «nepaklausības bērnos.»

Tā ka sātans ir līdzīgs radioviļņiem, kas izplatās gaisā, viņš varēja vadīt čūsku, kas kārdināja Ādamu un Ievu Ēdenes dārzā. 1. Mozus grāmatā, 1. nodaļā, sastopama viena īpaša frāze, kas atkārtojas. Katras radīšanas dienas beigās Bībele atkārto: «Un Dievs redzēja to labu esam.» Šī frāze netika lietota otrajā dienā, kad tika radīta debesu velve.

Un atkal Vēstulē Efeziešiem 2:2 teikts par laikiem: *«Kuros reiz dzīvojāt, pakļauti šīs pasaules varas nesējam, gaisa valsts valdniekam, garam, kas vēl tagad ir spēcīgs «nepaklausības bērnos.»* Dievs zināja, ka ļaunajiem gariem būs vara gaisa valstībā.

Ieva padevās čūskas kārdinājumam

Čūska ir tikai viens no savvaļas zvēriem. Kā tai izdevās sakārdināt Ievu un panākt, ka viņa nepaklausa Dieva pavēlei? Ēdenes dārzā ļaudis varēja komunicēt ar visām dzīvām būtnēm, tādām kā puķes, koki, putni un tā tālāk. Ieva tāpat varēja sarunāties ar čūsku. No sākuma ļaudis mīlēja čūskas un, atšķirībā no šodienas, tiem nebija nekāda riebuma pret tām. Tās bija gludas, tīras, garas, apaļas un gudras, ka ļoti patika Ievai. Tās labi viņu pazina un centās izpatikt viņai. Tas līdzīgi tam, kā saimnieks mīl savus suņus par to, ka tie gudrāki un uzticamāki par citiem dzīvniekiem.

Tomēr daudzi apgalvo, ka čūskas ir briesmīgas, indīgas un pretīgas. Viņiem gandrīz instinktīvi čūskas liekas nepatīkamas, tāpēc ka tieši čūska ar meliem piespieda pirmo cilvēku Ādamu un Ievu nepaklausīt likumam, un tādā veidā iegrūda tos pazušanā.

Lai saprastu čūskas dabu, jums vajadzētu zināt pirmatnējās augsnes raksturojumu. Augsne sastāv no dažādām sastāvdaļām un to proporcijas sastāvā arī dažādas. Atkarībā no tā, kādi elementi tiek pievienoti augsnē, tā var kļūt laba vai slikta. Kad Dievs radīja dažādus savvaļas zvērus un dažādus putnus gaisā, Viņš rūpīgi izvēlējās augsni priekš katra dzīvnieka (1. Mozus 2:19).

Dievs neradīja čūsku no paša sākuma viltīgu. Dievs radīja to pietiekoši gudru, lai tā patiktu cilvēkam. Čūska kļuva viltīga tikai pēc tā, kad caur viņu parādījās grēcīgā daba. Ja čūska nebūtu ieklausījusies sātana balsī, bet pildījusi tikai Dieva gribu, tā būtu gudrs un labs dzīvnieks. Taču paklausot sātanam, tā kļuva par viltīgu dzīvnieku, piemānīja Ievu un nolēma viņu nāvei.

Tāpēc, ka Ieva sagrozīja Dieva Vārdu

Čūska zināja, ka Dievs teicis Ādamam: *«Un Dievs Tas Kungs pavēlēja cilvēkam sacīdams: No visiem dārza kokiem ēzdams ēd, bet no laba un ļauna atzīšanas koka tev nebūs ēst, jo tai dienā, kad tu ēdīsi no tā, tu mirdams mirsi»* (1. Mozus 2:16-17). Tāpēc čūska ar viltu jautāja Ievai: *«Vai tad tiešām Dievs ir teicis: neēdiet ne no viena koka dārzā?»* (3. nodaļa 1. lpp.)

Kā atbildēja čūskai Ieva?

«Mēs ēdam no koka augļiem dārzā, bet par tā koka augļiem, kas ir dārza vidū, Dievs teicis: no tā jums nebūs ēst, nedz to aiztikt, citādi jūs mirsiet» (1. Mozus 3:2-3).

Dievs deva Ādamam skaidru brīdinājumu: *«Bet no laba un ļauna atzīšanas koka tev nebūs ēst, jo tai dienā, kad tu ēdīsi no tā, tu mirdams mirsi»* (1. Mozus 2:17). Viņš pasvītrojis, ka viņi nomirs nāvē, ja ēdīs tā koka augļus. Tomēr Ievas atbildē tas neizskanēja tik pārliecinoši. Viņa atbildēja neskaidri: «... lai jums nebūtu jānomirst.» Viņa izlaiž Dieva tiešos vārdus: «mirdami mirsiet.» Citiem vārdiem, viņa domā: «Ja ieēdīšu

aizliegto augli, tad varbūt miršu, bet varbūt arī ne.»
Viņa neatcerējās Dieva pavēli un nedaudz apšaubīja Dieva Vārdu. Izdzirdējusi viņas nenoteikto atbildi čūska pakļāva viņu vēl lielākam kārdinājumam. Tā pat apšauba Dieva teikto. Čūska teica sievietei: «Nē, nemirsiet viss.» Tā sagroza Dieva pavēli un mudina viņu: «*bet Dievs zina, ka tanī dienā, kad jūs no tā ēdīsiet, jūsu acis atvērsies un jūs būsiet kā Dievs, zinādami labu un ļaunu*» (1. Mozus 3:5). Tā kārdina viņu no jauna, vēl vairāk iededzinot viņā ziņkārību.

Ieva nepaklausa pēc savas brīvas gribas

Pēc tā, kad sātans caur domām, kuras neatbilst patiesībai, iedvesa sievietē grēcīgas vēlmes, koks sāka likties viņai nepavisam ne tāds, kādu viņa to bija redzējusi līdz šim, 1. Mozus 3:6 teikts: «*Un sieva redzēja, ka koks ir labs, lai no tā ēstu, un, ka tas, jo tīkams acīm un iekārojams, ka dara gudru. Un viņa ņēma no tā augļiem un ēda, un deva arī savam vīram, kas bija ar viņu, un viņš ēda.*»
Viņai vajadzēja pārliecinoši un pilnībā noraidīt čūskas kārdinājumu. Grēcīgā cilvēka varas kāre, acu kāre un dzīves lepnība pārņēma viņu un iegrūda nepaklausības grēkā.
Daži saka: «Vai tad Ādams un Ieva neēda laba un ļauna atzīšanas koka augli tāpēc, ka «grēcīgā daba» viņos jau bija ielikta?» Līdz nepaklausībai grēcīgā daba viņos nebija, bet bija tikai tikumīgā. Viņiem bija pašiem sava personīgā brīvība, un pēc tās viņi varēja neēst, bet varēja arī pretēji Dieva aizliegumam, ēst aizliegto augli.

Laiks gāja, un Viņi aizmirsa Dieva pavēli. Tad sātans kārdināja tos caur čūsku, un viņi nenoturējās kārdinājuma priekšā. Tādā veidā grēks iegāja viņos, un viņi izjauca to kārtību, kuru agrāk bija noteicis Dievs. Līdzīgi notiek ar bērniem, kad viņos pieaug ļaunums. Pat negodīgs darbos un vārdos bērns nemēdz būt tik ļauns un negodīgs no dzimšanas. No sākuma viņš atkārto rupjus vārdus vai lamas dzirdētus no citiem bērniem, nesaprotot to nozīmi. Vai atdarina zēnu, kurš ir iesitis citam un viņam arī patīk pašam sist un redzēt, kā sasistais sāk raudāt. Un viņš atkal un atkal sit citus, bet ļaunums, kas iedzimis viņā aug.

Tādā pat veidā Ādamam no paša sākuma nebija grēcīgās dabas. Kad viņš nepaklausīja Dieva likumam un pēc savas personīgās brīvās gribas ēda no tā koka, grēks bija ieņemts, un ļaunums iesakņojās viņā.

Grēka alga ir nāve

Ādams un Ieva nomira nāvē, ieēdot no koka, tieši tā, kā Dievs arī brīdināja Ādamu: «Tev nebūs ēst no šī koka. Kad tu no tā ēdīsi tu mirdams mirsi.» Jēkaba vēst. 1:15 teikts: *«Pēc tam kārība, kad tā ieņēmusies, dzemdē grēku; bet grēks padarīts dzemdē nāvi.»*

Vēstule Romiešiem 6:23 māca mums garīgās pasaules likumus un grēka sekas: *«Grēka alga ir nāve.»* Izskatīsim, kā nāve atnāca pie Ādama un Ievas viņu nepaklausības rezultātā.

Viņu garīgā nāve

Dievs skaidri teica Ādamam: «No laba un ļauna atzīšanas koka tev nebūs ēst, jo tai dienā, kad tu ēdīsi no tā, tu mirdams mirsi.» Tomēr viņi nenomira uzreiz pēc Dieva likuma pārkāpšanas. Viņi dzīvoja ļoti ilgi, un tiem dzima vēl daudz bērnu. Tad par kādu nāvi Dievs brīdināja? Viņš domāja ne viņu ķermeņu nāvi, bet to gara nāvi. Cilvēkam pie radīšanas tika dots gars, kurš var komunicēt ar Dievu, dvēsele, kas ir viņu gara kalpone, un ķermenis, kurā mīt gars un dvēsele. 1. vēstule Tesaloniķiešiem 5:23 teikts, ka cilvēks sastāv no gara, dvēseles un miesas. Kad Ādams un Ieva nepaklausīja Dieva likumam viņu gars, cilvēka saimnieks nomira.

Dievs ir tīrs, bez vainas un Svēts. Viņš mājo gaismā, kurai nav līdzīgas, tāpēc grēcinieki nevar būt kopā ar Viņu. Ādams varēja būt saskarsmē ar Dievu, kad bija dzīvs gars, bet pēc tā, kad Ādama grēka rezultātā gars nomira, viņš jau vairs nevarēja komunicēt ar Dievu.

Moku pilnas dzīves sākums

Ēdenes dārzs bija brīnišķīga pārpilnības vieta, kur Ādams un Ieva ēdot no dzīvības koka varētu dzīvot mūžīgi, bez pārdzīvojumiem un uztraukumiem. Taču pēc tam, kad viņi grēkoja, tie tika no Ēdenes dārza izdzīti. No šī brīža sākās viņu bēdas un likstas.

Sievieti sagaidīja grūtniecības un dzemdību sāpes, viņai parādījās tieksme pret vīru, bet vīrs sāka valdīt pār viņu. Tikai ar rūgtu, sāpīgu un grūtu darbu apstrādājot nolādēto zemi, cilvēks varēja ēst no tās augļiem visas sava mūža dienas (1. Mozus 3:16-17).

Dievs saka Ādamam un Ievai 3:18-19: *«Ērkšķus un dadžus, lai tā tev dod, no lauka augiem tev būs pārtikt. Sava vaiga sviedros tev būs maizi ēst, līdz kamēr tu atkal atgriezīsies pie zemes, jo no tās tu esi ņemts: jo tu esi pīšļi un pie pīšļiem tev atkal būs atgriezties.»* Šajos pantos Dievs pasaka, ka cilvēkam atkal jākļūst par pīšļiem.

Tā kā visas cilvēces pirmtēvs Ādams ir darījis nepaklausības grēku, un viņa gars nomira, visi viņa pēcnācēji piedzimst, kā grēcinieki un nostājas uz nāves ceļa.

Vēstulē Romiešiem 5:12, rakstīts par Ādamam sekojošo mantojumu: *«Tā tad: kā viena cilvēka vainas dēļ pasaulē ienāca grēks un ar grēku – nāve, un tādā kārtā visu cilvēku dzīvē ienākusi nāve, jo visi viņi grēkojuši.»*

Visi ļaudis dzimuši ar iedzimtu grēku

Dievs darīja ļaudis spējīgus vairoties un skaitliski augt caur dzīvības sēklu, kuru Viņš ielicis radot tos. Cilvēka dīglis veidojas savienojoties spermai ar olšūnu, kurus Dievs dod katram vīrietim un sievietei kā dzīvības sēklu. Tā, ka sperma un olšūna satur abu vecāku īpašības, savienojoties spermatozoīdam un olšūnai ieņemtais mazulis ir līdzīgs saviem vecākiem: ārēji, rakstturā, gaumē, paradumos, tieksmēs, gaitā utt.

Tāpēc Ādama grēcīgā daba tika nodota tālāk visiem viņa pēcnācējiem, pēc tā, kad Ādams visas cilvēces pirmtēvs bija grēkojis. Tas saucas par «pirmdzimto grēku.» Ādama pēcnācēji piedzimst ar iedzimtu grēka dabu. Tādā veidā visi ļaudis neizbēgami ir grēcinieki.

Daži neticīgie žēlojas: «Kāpēc, vai, kā es skaitos grēcinieks? Es nekādu grēku neesmu darījis.» Vai arī citi jautā: «Kā Ādama grēks varēja pāriet pie manis?»

Ņemsim tādu piemēru. Barojošai mātei ir bērns, kuram vēl nav gads. Viņa pieliek pie krūts citu mazuli, savam bērnam redzot. Visdrīzāk viņas mazulis apvainosies, sāks atgrūst viņu. Ja māte nenoņem svešo bērnu no krūts, un tas nepārstāj zīst krūti, mazulis var stipri pagrūst vai iesist savai mātei vai citam bērnam. Ja māte turpina dot pienu citam bērnam, viņas pašas bērns var sākt raudāt.

Un kaut neviens nav mācījis bērnu skaust, just greizsirdību, neieredzēt, būt skopam, sist citus, tas ļaunums jau ir ielikts mazulī kopš dzimšanas. Šis fakts izskaidro to, ka ļaudis ierodas pasaulē ar iedzimtu pirmatnējo grēku, kurš mantots no to vecākiem.

Vai visas savas dzīves laikā cilvēks izdara daudz grēku? Jums jāsaprot, ka ne tikai grēcīgi darbi, bet jebkura veida ļaunums cilvēka domās ir Dieva priekšā grēks, jo Viņš ir pati Gaisma. Dievs jūt un redz tādus grēkus domās, kā naidu, skopumu, nosodījumu un citus.

Tāpēc Bībele saka mums, ka neviens nevarēs sevi attaisnot Dieva priekšā ar bauslības darbiem, un, ka visi grēkojuši un tiem trūkst dievišķās godības (Vēst. Romiešiem 3:20-23).

Ne tikai cilvēks, bet arī viss apkārt ir nolādēts

Kad Ādams, visa bijušais saimnieks sagrēkoja un tika nolādēts, zeme un visi lopi, visi savvaļas zvēri un putni tika nolādēti kopā ar viņiem. No tā laika sāka eksistēt tādi kaitīgi un indīgi kukaiņi kā mušas un odi, kas pārnēsā visas iespējamās slimības.

Zeme sāka izdot nezāles un ērkšķus, bet ļaudīm vajadzēja ar nomācošu un grūtu darbu, ar sviedriem vaigā, ievākt sev pārtikai izaudzēto ražu. Ļaudis bija spiesti iepazīt asaras, bēdas, slimības, nāvi un tamlīdzīgo, tāpēc, ka bija nolādēti uz šīs zemes.

Tā Vēstulē Romiešiem 8:20-22, lasām: *«Jo radība pakļauta iznīcībai, nevis aiz savas patikas, bet aiz tā gribas, kas viņu tai pakļāvis; tomēr viņai dota cerība. Jo arī pati radība reiz tiks atsvabināta no iznīcības verdzības un iegūs Dieva bērnu apskaidrību un svabadību. Jo mums ir zināms, ka visa radība vēl aizvien līdz ar mums klusībā nopūšas un cieš sāpes.»*

Bet kā tad nolādēta čūska? 1. Mozus gr. 3:14, Dievs teica viltīgajai čūskai, kas kārdināja cilvēku uz grēku: *«Tādēļ, ka tu to esi darījusi, tu esi nolādēta visu lopu un lauku zvēru vidū! Uz sava vēdera tev būs līst un pīšļus ēst visas sava mūža dienas.»*

Čūska, kā zināms, neēd putekļus, bet barojas ar tādiem dzīvniecīņiem kā putni, vardes, peles vai kukaiņi. Dievs teica skaidri: «tev būs līst un pīšļus ēst visas savas mūža dienas.» Kā izskaidrot šo pantu?

«Pīšļi» šeit simbolizē «cilvēkus, kas radīti no zemes pīšļiem» (1. Mozus 2:7), bet «čūska» dotajā gadījumā nozīmē ienaidnieku – velnu un sātanu (Atklāsmes 20:2). «Un ēdīsi pīšļus visas savas mūža dienas» simbolizē to, ka velns un sātans aprij ļaudis, kuri nedzīvo pēc Dieva vārda, bet staigā tumsā.

Pat Dieva bērni saskaras ar neveiksmēm un grūtībām, kuras uzsūta ienaidnieks sātans, kad viņi dara ļaunu un grēko pret Dieva gribu. Šodien ienaidnieks – velns un sātans kā rūcošs lauva meklē, ko varētu aprīt (1. Pētera vēstule 5:8). Ja tas atrod kādu, tas paverdzina viņu ar grēka lāstu un velk cilvēku uz pazušanas ceļu. Ja iespējams, tas mēģina kārdināt pat Dieva bērnus.

Ienaidnieks – velns un sātans – kārdina tos, kas saka: «Es ticu Dievam», taču neesmu pārliecināts par Dieva Vārdu, un ved tos uz pazušanas ceļu. Parasti ienaidnieks – velns un sātans – mēģina mūs kārdināt caur pašiem tuvākajiem mums cilvēkiem – laulāto, draugiem, radiniekiem tāpat, kā tas kārdināja Ievu caur čūsku, vienu no viņas iemīļotajiem dzīvniekiem.

Piemēram, jūsu laulātais draugs vai draudzene var pajautāt: «Bet vai tad nav pietiekami ar to, ka mēs apmeklējam tikai rīta svētdienas dievkalpojumu? Vai tad tev vienmēr vajag iet uz svētdienas vakara dievkalpojumu arī?» vai «Jūs ko, cenšaties piedalīties ikdienas sapulcēs?», «Dievs saprot mūsu iekšējo, apslēpto un zin pašus apslēptākos sirds dziļumus. Viņš taču ir Visuvadošs un Visuvarens. Vai tad vajag saukt uz Viņu lūgšanā?»

Dievs pavēlēja mums atcerēties Sabata dienu un svētīt to (2. Mozus 20:8), sapulcēties Tā Kunga vārdā (Vēst. Ebrejiem 10:25) un saukt lūgšanā (Jeremijas 33:3). Sātans nevar ne kārdināt, ne piespiest grēkot tos, kas pilnībā paklausa Dieva Vārdam (Mateja 7:24-25). Tieši tā, kā runāts Vēst.

Efeziešiem 6:11: *«Bruņojaties ar visiem Dieva ieročiem, lai jūs varētu pretī stāties velna viltībām»*, un jums vajag bruņoties ar Dieva patiesības vārdu un ar ticību, bezbailīgi dzīt prom no sevis ienaidnieku – velnu un sātanu.

Kāpēc Dievs ievietoja Ēdenes dārzā laba un ļauna atzīšanas koku?

Dievs ievietoja laba un ļauna atzīšanas koku Ēdenes dārzā ne tāpēc, lai pagrūstu cilvēku uz bojāejas ceļu, bet, lai dotu viņam īstu laimi. Nespējot saprast Viņa dziļo plānu, daudz ļaužu nepareizi saprot Dieva mīlestību un taisnīgumu un pat netic Viņam. Viņi dzīvo nožēlojamu, garlaicīgu, bez dzīvesprieka eksistenci, neatrodot patieso savas dzīves jēgu.

Tomēr, kāpēc gan Dieva ielika laba un ļauna atzīšanas koku Ēdenes dārzā un, kāpēc tas atnes jums lielas svētības?

Ādams un Ieva nepazina īstu laimi

Ēdenes dārzs bija tik skaists un pārpilns, ka jūs to pat sev nevarat iedomāties. Dievs bija veidojis to tā, ka no zemes izauga visdažādākie koki. Tie bija patīkami acīm un labi barībai. Dārza vidū auga dzīvības koks un laba un ļauna iepazīšanas koks (1. Mozus 2:9).

Kāpēc gan Dievs dārza vidū, kur tas labi redzams, kopā ar dzīvības koku iestādīja arī šo laba un ļauna atzīšanas koku? Dievam nekad nebija nolūka pagrūst tos uz pazušanas ceļu, pakļaut kārdinājumam nobaudīt no šī koka. Taču Dievam bija nolūks caur laba un ļauna atzīšanas koku pievest mūs pie saprašanas, lai mēs mācētu salīdzināt un kļūt par Viņa patiesiem un garīgiem bērniem, kuri spējīgi sajust Viņa sirdi.

Ļaudis, kuri paši pieredzējuši asaras, bēdas, nabadzību vai slimības var padomāt, ka Ādams un Ieva bija ļoti laimīgi Ēdenes dārzā, tāpēc, ka tur nepiedzīvoja sāpes, asaras, bēdas, nabadzību un slimības. Tomēr ļaudis Ēdenes dārzā nepazina ne īstu laimi, ne patiesu mīlestību tāpēc, ka nebija ar ko salīdzināt. Ņemsim piemēru. Lūk, divi zēni. Viens dzimis un izaudzis nabadzībā, bet otrs no dzimšanas bauda pārpilnību. Ja tiem abiem uzdāvinātu ļoti dārgu rotaļlietu, kā noreaģētu katrs no viņiem? No viens puses, zēns pieradušais pie greznības nebūs tik pateicīgs, jo nez vai novērtēs rotaļlietas vērtību. Otrais zēns, kas audzis nabadzībā, būs ļoti pateicīgs un uzskatīs rotaļlietu par lielu dārgumu.

Īsta laime iegūstama salīdzinot

Tādā pat veidā tiem, kas izjutuši nebrīvi vai trūkumu ir iespēja salīdzināt, viņi zin un bauda arī īstu laimi vai īstu brīvību. Atšķirībā no Ēdenes dārza, šajā pasaulē daudz ko var salīdzināt. Ja gribat uzzināt un priecāties ar kādu īstu vērtību, mēģiniet to salīdzināt ar ko citu. Nevar pilnā mērā apzināt īsto vērtību tam, kas pieder, neizmēģinot pretējo.

Piemēram, ja gribat iepazīt īstu laimi, vajadzēs pārdzīvot nelaimi. Ja vēlies iepazīt īstu mīlestības vērtību, jāpārcieš ienaids. Jūs nevarat pilnībā apzināties savas veselības vērtību, kamēr nepārdzīvojat sāpes no slimības vai sliktu pašsajūtu. Jūs neapzināsieties mūžīgās dzīves vērtību un nebūsiet pateicīgi Dievam Tēvam, kurš gatavo jums labklājību Debesīs līdz brīdim, kamēr nesapratīsiet, ka ir arī nāve un elle. Pirmais cilvēks Ādams varēja ēst cik dvēsele sagribās, un viņam bija vara saimniekot visā Ēdenes dārzā. Visu to viņš saņēma ne ar smagu darbu un ne ar saviem sviedriem pūloties. Šī iemesla dēļ viņš neizrādīja pateicību Dievam, kurš viņam visu to deva, un viņš nejuta ne mīļumu, ne mīlestību pret Viņu savā sirdī. Vēlāk Ādams nepaklausīja Dieva noteikumam ēdot augli. Līdz tam laikam viņš bija dzīvs gars, bet pēc krišanas grēkā viņa gars nomira, un viņš kļuva miesas cilvēks. Viņš un viņa sieva tika izdzīti no Ēdenes dārza un sāka dzīvot uz šīs zemes. Pie viņa atnāca tas, ko viņš nekad nebija piedzīvojis Ēdenē: asaras, bēdas, slimības, sāpes, nelaimes, nāve un tā tālāk. Beidzot viņš savā pieredzē iepazina visu to, kas ir pretējs Ēdenes dārza laimei.

Šajā procesā Ādams un Ieva varēja saprast un sajust, kas tas ir laime vai nelaime un, cik vērtīga ir brīvība un pārpilnība, ko agrāk tiem bija devis Dievs Ēdenes dārzā.

Jūsu dzīve būs bezjēdzīga, ja dzīvosiet mūžīgi, nezinot, kas ir laime un nelaime. Ja pat tagad jums ir grūtības, tad jūsu dzīve būs vēl vērtīgāka un izprotamāka, ja pēc tam jūs varēsiet izjust patiesu laimi.

Piemēram, kaut arī vecāki paredz, ka mācības būs sāpīgas bērnam, tomēr ved to uz skolu. Ja viņi mīl savus bērnus, tad ir gatavi veicināt viņu centību mācīties un palīdz uzzināt pieredzē daudz laba. Tāda arī ir Dieva Tēva sirds, kurš sūta ļaudis uz šo pasauli un caur dažāda veida pieredzi audzina tos, kā Savus īstos bērnus.

Šī paša iemesla dēļ Dievs ievietoja laba un ļauna atzīšanas koku Ēdenes dārzā un nelika šķēršļus tam, lai Ādams un Ieva ēstu no tā pēc savas pašu brīvas gribas. Viņš paredzēja visu, lai ļaudis piedzīvotu visāda veida priekus, bēdas un apmierinājumu šajā pasaulē un izejot cilvēces veidošanas ceļu, varētu kļūt par Viņa patiesiem bērniem.

Izejot caur sāpīgo pieredzi viņi beigās, soli pa solim, savu siržu dziļumos varēja saprast visa pārdzīvotā patieso vērtību un nozīmi.

Iepazinuši un izjutuši patiesu laimi caur cilvēces veidošanu, Dieva bērni vairāk nenodos Dievu, atšķirībā no Ādama, kurš to izdarīja Ēdenes dārzā, lai arī cik laika no tā brīža nebūtu pagājis. Tieši pretēji, piepildījušies ar prieku un pateicību, viņi mīlēs Viņu vairāk un Viņu ļoti godās.

Īsta laime Debesīs

Dieva bērni šajā pasaulē piedzīvojuši asaras, bēdas, sāpes, slimības, nāvi u.t.t. uz mūžīgiem laikiem ieies Debesīs un baudīs tur bezgalīgu laimi, mīlestību, prieku un pateicību. Viņi jutīs pilnīgas laimes prieku Debesīs.

Šajā miesīgajā pasaulē viss ir trūdošs un pakļauts nāvei, bet tur mūžīgajā Debesu Valstībā nav iznīcības, nāves, asaru un bēdu. Zelts šajā pasaulē tiek vērtēts visaugstāk, bet visi ceļi debesu Jaunajā Jeruzālemē bruģēti ar tīru zeltu. Debesu mājokļi ir brīnišķīgi un veidoti no dārgakmeņiem. Cik gan tie apbrīnojami un brīnumjauki!

Es ļoti augstu vērtēju zeltu un dārglietas pirms savas

satikšanās ar Dievu, bet no tā laika, kad es uzzināju par mūžīgajām Debesīm, es sāku uzskatīt visu šajā pasaulē par iznīcīgu un nevērtīgu. Dzīve šajā pasaulē – tas ir mirklis salīdzinot ar mūžību. Ja jūs patiesi ticat un cerat uz mūžīgajām Debesīm, jūs nekad neiemīlēsiet šo pasauli. Tieši otrādi, jūs domāsiet tikai par to, ko jums vajag un vajadzētu izdarīt, lai izglābtu kaut vēl vienu cilvēku, vai kā evaņģelizēt visām tautām pasaulē. Jūs sāksiet krāt sev mantas Debesīs, atdodot pašu labāko Dievam no visas savas sirds, nepūloties uzkrāt sev bagātības šeit uz zemes.

Apustulis Pāvils varēja noiet savu grūto ceļu līdz galam ar prieku un pateicību, tāpēc, ka Dievs parādīja viņam Trešās debesis. Kā pagānu apustulim viņam vajadzēja pārvarēt ārkārtīgi lielas grūtības. Dievs parādīja viņam vareno Debesu skaistumu un iedvesmoja viņu, iet šo ceļu līdz galam ar cerību uz Debesīm. Viņu sita ar nūjām, nežēlīgi pēra, nomētāja ar akmeņiem, bieži ieslodzīja cietumā, viņš izlēja asinis sludinot Tā Kunga Evaņģēliju. Neskatoties ne uz ko, Pāvils zināja, ka par visu pārdzīvoto viņš saņems varenu, neaprakstāmu balvu Debesīs. Beigu beigās visas viņa bēdas bija tāpēc, lai saņemtu varenas debesu svētības.

Dieva ļaudis necer uz šo pasauli. Viņi no visas sirds vēlas Debesu Valstību. Šī pasaule – tikai mirklis Dieva acīs, bet dzīve Debesu Valstībā – mūžīga. Debesīs nav ne asaru, ne bēdu, ne ciešanu, ne nāves. Tāpēc viņi vienmēr var dzīvot ar prieku, cerot uz lielu mantojumu, ar kuru Dievs tos apbalvos Debesīs, atbilstoši tam, ko viņi sējuši vai veikuši.

Tāpēc es lūdzos Tā Kunga mūsu Jēzus Kristus vārdā, lai jūs saprastu lielo mīlestību un Dieva Radītāja nodomu un sagatavotos ieiet Debesīs, lai baudītu mūžīgo dzīvi un laimi apbrīnojami skaistajās un godājamās Debesīs.

4. Nodaļa

NOSLĒPUMS, APSLĒPTS LĪDZ LAIKU SĀKUMAM

- Ādama vara nodota sātanam
- Likums par zemes izpirkšanu
- Noslēpums, apslēpts līdz laiku sākumam
- Jēzus atbilst likuma prasībām

«Gudrību arī mēs sludinām, bet pilnīgajiem, ne šīs pasaules gudrību, ne arī šīs pasaules valdnieku gudrību, kas lemti iznīcībai. Bet mēs sludinām Dieva gudrību noslēpumā, apslēpto gudrību, ko Dievs paredzējis no mūžības laikiem, lai mūs celtu godā. To nav atzinis neviens šīs pasaules valdnieks; jo ja tie to būtu atzinuši, tad tie nebūtu krustā situši godības Kungu.»

1. Vest. Korintiešiem 2:6-8

Ādams un Ieva, čūskas kārdināti Ēdenes dārzā, nepakļāvās Dieva likumam un ēda no laba un ļauna atzīšanas koka, tāpēc, ka sagribēja kļūt līdzīgi Dievam. Rezultātā viņi, un visi viņu pēcnācēji kļuva par grēciniekiem.

No cilvēciskā redzes viedokļa skaitās, ka Ādams un Ieva bija nelaimīgi par to, ka tos izdzina no Ēdenes dārza un viņiem nācās iet pa bojāejas ceļu. No garīgā skatījuma, tas – apbrīnojama Dieva svētība, tāpēc, ka viņiem bija dota iespēja priecāties par glābšanu, mūžīgo dzīvi un Debesu svētībām caur Jēzu Kristu.

Pateicoties cilvēces veidošanai, noslēpums, kas bija apslēpts mūsu slavai no mūžības laikiem, tika atklāts un parādīja glābšanas ceļu visām tautām. Mēģināsim dziļāk iedziļināties noslēpumā, kurš bija apklāts no mūžības laikiem, un to, kā bija norādīts ceļš uz glābšanu.

Ādama vara nodota sātanam

Lūkas ev. 4:5-6, mēs lasām par to, kā sātans kārdināja Jēzu pēc viņa četrdesmit dienu gavēņa beigām:

«Tad velns viņu uzveda kalnā un vienā acumirklī rādīja tam visas pasaules valstis. Un velns viņam sacīja:

Es tev došu visu šo varas pilnību un šo godību, jo tā
man nodota, un kam es gribu, tam es to varu dot.»

Sātans teica, ka viņš atdos varu Jēzum, tāpēc ka to kāds bija
nodevis viņam. Kāpēc Dievs, kas valda pār visu pieļāva, lai visa
vara būtu atdota sātanam? 1. Mozus 1:28 teikts: *«Un Dievs tos svētīja un sacīja uz tiem*
«Augļojieties un vairojieties! Piepildiet zemi un pakļaujiet sev
to, un valdiet pār zivīm jūrā un putniem gaisā, un katru dzīvu
radījumu, kas rāpo pa zemi.»
Ādams saņēma no Dieva varu un spēku vadīt visu un būt par
saimnieku uz zemes. Viņš bija kungs pār visu, taču pēc ilgāka
laika viltīgā čūska ar meliem pierunāja viņu un sievu ēst no laba
un ļauna atzīšanas koka augļiem. Ādams izdarīja nepaklausības
Dievam grēku.

Vēstulē Romiešiem 6:16 rakstīts: *«Vai jūs nezināt, ka tam*
kam jūs sevi nododat par paklausīgiem kalpiem, jums arī kā
kalpiem jāklausa, vai nu grēkam uz nāvi, vai paklausībai
Dievam – uz taisnību?» Jūs esat vai nu – grēka kalps, vai –
taisnības kalps? Ja jūs darāt grēku, jūs esat – grēka kalps un ejat
nāves ceļu. Ja pakļaujaties patiesības vārdam, jūs – esat taisnības
kalps un ejat uz Debesīm.

Ādams izdarīja nepaklausības Dievam grēku un kļuva par
grēka vergu. Viņš zaudēja viņam Dieva doto varu un spēku.
Viņam nācās to nodot sātanam tieši tāpat, kā visa verga manta
parasti pāriet viņa saimnieka īpašumā. Vārdu sakot Ādams
atdeva varu un spēku, kas viņam bija no Dieva dota sātanam,
tāpēc, ka bija grēkojis un kļuvis par grēka vergu.

Ādama nepaklausības rezultātā visa cilvēce kļuva grēcīga. Grēks kļuva par iemeslu tam, ka gan viņš, un arī visi viņa pēcnācēji bija nolemti nāvei un verdziskai kalpošanai sātanam.

Likums par zemes izpirkšanu

Ko vajag darīt ļaudīm, lai atbrīvotos no ienaidnieka – velna un sātana un izglābtos no grēkiem un nāves? Kāds teiks: «Dievs glābj katru, neizvirzot noteikumus, jo Dievs ir Mīlestība. Viņš ir līdzjūtīgs un žēlsirdīgs.» Tomēr 1. vēst. Korintiešiem 14:40, teikts: *«Bet viss, lai notiek pieklājīgi un kārtīgi.»* Dievs nerīkosies pretēji garīgās pasaules likumiem, tāpēc, ka Viņš – Dievs Taisnīgs un bez viltus.

Garīgajā pasaulē ir grēcinieku sodīšanas likums, kurš saka: *«Grēka alga ir nāve.»* Ir arī tāpat grēcinieku izpirkšanas likums. Šis likums bija pielietots, lai atgrieztu Ādama varu, kas nodota sātanam.

Kāds ir grēcinieku izpirkšanas likums? Tas ir likums par zemes izpirkšanu, kas rakstīts Vecajā Derībā. No mūžības laikiem Dievs Tēvs turēja noslēpumā gatavoto cilvēces glābšanas ceļu, kas atbilda šim likumam.

Kas tas ir likums par zemes izpirkšanu?

Lūk, Dieva likums izraēliešiem 3. Mozus grām. 25:23-25:

«Un zemi – lai neviens nepārdod par īpašumu: zeme

pieder man, bet jūs esat svešinieki un piemājotāji pie Manis. Tāpēc visā jums piederīgajā zemē jums jāatļauj zemes izpirkšana. Ja tavs brālis panīkst un grib ko pārdot no savas zemes, tad lai kāds viņa tuvs radinieks, nāk viņam par izpircēju un izpērk to, ko viņa brālis pārdevis.»

Visa zeme pieder Dievam, un to nedrīkst pārdot uz visiem laikiem, Dievs ļauj viņa tuvam radiniekam izpirkt pārdoto zemi. Tāds ir likums par zemes izpirkšanu.

Pārdodot vai pērkot zemi Izraēla tauta sastādīja zemes pirkuma aktu pamatojoties uz likumu par zemes izpirkšanu, tas ir, nepārdeva to uz visiem laikiem.

Pārdevējs un pircējs rūpīgi aizpildīja dokumentus par zemi tā, lai pārdevējs vai viņa tuvākais radinieks varētu to nākotnē atpirkt. Viņi sagatavoja pirkuma akta kopiju un uzlika uz abiem eksemplāriem savus zīmogus, divu vai trīs liecinieku klātbūtnē. Viens pirkšanas akta eksemplārs tika apzīmogots un atradās svētā tempļa glabātuvē. Otrs palika atklāts un neaizzīmogots un glabājās pie tempļa ieejas. Likums par zemes izpirkšanu ļāva pārdevušajam vai tā tuvākajam radiniekam izpirkt zemi jebkurā laikā.

Likums par zemes izpirkšanu un cilvēces glābšanu

Kāpēc Dievs sagatavoja cilvēces glābšanas ceļu atbilstoši zemes izpirkšanas likumam? 1. Mozus 3:19, skaidri saka mums, ka likumam par zemes izpirkšanu ir tieša saistība ar cilvēces glābšanu:

«Sava vaiga sviedros tev būs maizi ēst, līdz kamēr tu atkal atgriezīsies pie zemes, jo no tās tu esi ņemts, jo tu esi pīšļi, un pie pīšļiem tev atkal būs atgriezties.»

«Tā Dievs Tas Kungs izraidīja viņu no Ēdenes dārza, lai viņš apstrādātu zemi, no kuras Viņš tika ņemts» (1. Mozus 3:23).

Dievs teica Ādamam pēc krišanas grēkā: «tu esi pīšļi, un pie pīšļiem tev atkal būs atgriesties.» Šeit, «pīšļi» ir kā ļaužu simbols, kuri bija radīti no zemes pīšļiem.

Tāpēc ļaudis atgriežas zemē pēc nāves. Likums par zemes izpirkšanu saka, ka visa zeme pieder Dievam, un tā nedrīkst tikt pārdota uz visiem laikiem (3. Mozus 25:23-25). Šie panti nozīmē, ka visi ļaudis, kas radīti no zemes pīšļiem pieder Dievam un nedrīkst būt uz visiem laikiem pārdoti. Tas tāpat norāda uz to, ka ne vara, ne spēks, ko Ādams saņēma no Dieva Ēdenes dārzā nevar tikt atdoti uz visiem laikiem, jo viņi pieder Dievam.

Ādama vara bija nodota ienaidniekam – velnam un sātanam, taču tas, kurš atbildīs varas izpirkšanas tiesību noteikumiem, kuru zaudēja Ādams, varēs atgriest to, atņemot ienaidniekam sātanam. Tāpēc taisnīgais Dievs paredzēja pilnīgu izpirkšanu, atbilstoši likumam par zemes izpirkšanu. Šis izpircējs ir visu ļaužu glābējs.

Noslēpums,
apslēpts līdz laiku sākumam

No mūžības laikiem Mīlestības Dievs zināja, ka Ādams parādīs nepaklausību Viņam, un visi viņa pēcnācēji nostāsies uz nāves ceļa. Viņš sagatavoja glābšanas ceļu ļaudīm un turēja to noslēpumā līdz pienāca Viņa izvēlētais laiks.

Ja sātans zinātu Dieva ceļu, tad, lai nezaudētu savu varu, tas sāktu radīt šķēršļus Dievam atrisināt visu ļaužu grēka un nāves problēmu. 1. vēst. Korintiešiem 2:7 teikts: *«Bet mēs sludinām Dieva gudrību noslēpumā, apslēpto gudrību, ko Dievs paredzējis no mūžības laikiem, lai mūs celtu godā.»*

Jēzus Kristus – Dieva gudrība

Vēstulē Romiešiem 5:18-19 sacīts: *«Tā tad – kā viena cilvēka pārkāpuma dēļ pār visiem nākusi pazudināšana, gluži tāpat viena cilvēka taisnības darbs visiem nes attaisnojumu un dzīvību. Jo kā ar viena cilvēka nepaklausību neskaitāmi kļuvuši grēcinieki, tāpat ar viena cilvēka paklausību neskaitāmi kļūst taisni.»*

Visi ļaudis var kļūt taisni un būt izglābti viena cilvēka paklausības dēļ, tieši tāpat kā visi ļaudis kļuva par grēciniekiem un nokļuva uz nāves ceļa viena cilvēka nepaklausības dēļ.

Tāpēc Dievs sūtīja Jēzu Kristu, kuru Viņš apslēpti sagatavoja, kā glābšanas ceļu un pieļāva, lai Jēzus būtu piesists krustā un atkal augšāmceltos. No tā laika katrs, ka Viņam tic kļūst glābts. 1. vēst. Korintiešiem 1:18, Dievs mums saka: *«Jo krusta vārds ir ģeķība tiem, kas pazūd, bet mums, kas topam izglābti, ir Dieva spēks.»* Dažiem liekas aplami, ka visvarenā Dieva Dēls bija pazemots un noslepkavots no Viņa paša radījumiem. Tomēr šis «negudrais» Dieva nodoms ievērojami gudrāks par jebkuriem visgudrākajiem cilvēku plāniem, bet Dieva «vājums» ievērojami pārsniedz jebkuru cilvēcisku spēku (1. vēst. Korintiešiem 1:19-24). Bībele nepārprotami saka, ka neviens nevar Dieva priekšā attaisnoties, izpildot baušļus. Un, lūk, tādā vienkāršā veidā Dievs atklājis glābšanas ceļu katram, kurš ticēs Jēzum Kristum.

Grēka alga ir – nāve. Tāpēc neviens nevarētu tikt izglābts, ja Jēzus nenomirtu par mūsu grēkiem. Jēzus bija piesists krustā par mūsu grēkiem un augšāmcēlās Dieva spēkā. Tā Dievs sagatavoja ceļu, kurš var likties vājš vai negudrs un apslēpa to uz ilgu laiku.

Dievs apslēpa Jēzu Kristu un Viņa krustā sišanu noslēpumā, ienaidnieka velna un sātana dēļ. Ja viņš zinātu par to, tad traucētu cilvēces glābšanas ceļam. Sātans nekad nenogalinātu Jēzu pie krusta, ja zinātu, ka Dievs ar krusta palīdzību sagatavojis glābšanas ceļu, lai izpirktu visus ļaudis no grēkiem, glābtu tos no nāves un atgrieztu Ādama varu, atņemot to sātanam.

Atkal atcerēsimies 1. vēst. Korintiešiem 2:7-8: *«Bet mēs sludinām Dieva gudrību noslēpumā, apslēpto gudrību, ko Dievs paredzējis no mūžīgiem laikiem, lai mūs celtu godā. To nav atzinis neviens šīs pasaules valdnieks; jo ja tie to būtu atzinuši, tad tie nebūtu krustā situši godības Kungu.»*

Jēzus atbilst likuma prasībām

Kā jebkurš kontrakts satur noteikumus, tā arī garīgajā pasaulē ir noteikumi, kuri nosaka kādām prasībām jāatbilst Glābējam, lai atjaunotu Ādama pazaudēto varu, atņemot to sātanam, atbilstoši zemes izpirkšanas likumam. Piemēram, kādam draud bankrots biznesā. Viņam ir liels parāds, taču nav iespējas to atdot. Ja cilvēkam ir turīgs brālis, kurš to mīl, tas uzreiz samaksās visus viņa parādus.

Visi ļaudis – grēcinieki Ādama krišanas dēļ un visiem vajadzīgs Izpircējs, kas atbilst noteikumiem, lai atbrīvotu viņus no grēkiem. Kādas tad ir prasības Izpircējiem? Kāpēc Bībele saka, ka tikai Jēzus atbilst šīm prasībām?

Pirmais: Izpircējam vajag būt cilvēkam

3.Mozus grām. 25:25, saka: *«Ja tavs brālis panīkst un grib ko pārdot no savas zemes, tad lai kāds viņa tuvs radinieks nāk viņam par izpircēju un izpērk to, ko viņa brālis pārdevis.»* Likums par zemes izpirkšanu saka, ja cilvēks kļūst nabags un pārdod īpašumu, tad viņa tuvākais radinieks var izpirkt viņa īpašumu.

1. vēstulē Korintiešiem 15:21-22, lasām: *«Jo kā caur cilvēku nāve, tā arī caur cilvēku miroņu augšāmcelšanās. Jo kā Ādamā visi mirst, tāpat arī Kristū visi tiks dzīvi darīti.»* Viņam vajag būt cilvēkam – tā ir pirmā prasība pret Izpircēju, kurš būtu spējīgs atjaunot Ādama varu. Šis fakts vēlreiz aprakstīts Atklāsmes grām. 5:1-5:

«Tad es redzēju labajā rokā tam, kas sēd uz goda krēsla, grāmatu, aprakstītu iekš – un ārpusē, aizzīmogotu septiņiem zīmogiem. Es redzēju varenu eņģeli saucam stiprā balsī: Kas ir cienīgs atvērt grāmatu un atdarīt tās zīmogus? Bet neviens ne debesīs, ne zemes virsū, ne zemes apakšā nespēja atvērt grāmatu un tanī ieskatīties. Un es gauži raudāju, ka neviens nav atrasts cienīgs atvērt grāmatu un tanī ieskatīties. Te viens no vecajiem saka man: Neraudi! Redzi uzvarētājs ir lauva no Jūdas cilts, Dāvida sakne, lai atvērtu grāmatu un tās septiņus zīmogus.»

Grāmata, aprakstīta «iekšpusē – un ārpusē», apzīmogota ar septiņiem zīmogiem, nozīmē kontraktu, kas agrāk noslēgts starp Dievu un sātanu, kad Ādams nepaklausīja Dievam un kļuva par grēcinieku. Apustulis Jānis ne debesīs, ne virs zemes, ne zem zemes nevarēja atrast nevienu, kas būtu cienīgs atlauzt zīmogus un atvērt tīstokli.

Tas tāpēc, ka debesu eņģeļi nav cilvēki; visi ļaudis uz zemes grēcinieki, jo viņi ir Ādama pēcnācēji, bet zem zemes – ir tikai ļaunie gari, kas pieder sātanam un mirušo dvēseles, kas ir ceļā uz elli. Un te viens no vecajiem teica Jānim:

«Neraudi! Redzi, uzvarējis ir lauva no Jūdas cilts, Dāvida sakne atvērs grāmatu un tās septiņus zīmogus.» Šeit «Dāvida sakne» nozīmē Jēzu, ķēniņa Dāvida pēcnācēju, kas piedzimis Jūdas ciltī (Apustuļu darbi 13:22-23). Tādā veidā Jēzus atbilst pirmajam likumam par zemes izpirkšanu.

Kāds var teikt, ka «Dievs ir Absolūts.» Jēzus nešaubīgi, ir

Dievs, tāpēc ka Viņš – Dieva Dēls. Un Viņš nekādā gadījumā nav cilvēks, tomēr atcerēsimies Jāņa Evaņģēliju 1:1, kur teikts: *«Vārds bija Dievs»* un turpat 1:14: *«Un Vārds tapa miesa un mājoja mūsu vidū.»* Dievs, būdams vārds, kļuva miesa un mājoja mūsu vidū, uz zemes.

Tas ir Jēzus, no paša iesākuma būtībā bija Dievs un kļuva miesa, kļuva līdzīgs cilvēkam. Viņš bija Vārds Savā būtībā un Dieva Dēls. Viņā bija cilvēciskais un dievišķais. Tomēr Viņš piedzima un izauga miesā, cilvēka izskatā. Cilvēces vēsture sadalījās divās daļās no Kristus dzimšanas laika: līdz Kristus piedzimšanai un pēc Kristus piedzimšanas. Tas vien jau liecina par to, ka Jēzus kļuva miesa un nonāca uz šīs zemes. Kristus piedzimšana, Viņa uzaudzināšana un piesišana krustā – tāpat ir šī acīmredzamā fakta daļas.

Tāpēc Jēzus ir cilvēks un atbilst visām prasībām, tam, lai būtu mūsu Glābējs.

Otrais: Viņš nevar būt Ādama pēcnācējs

Parādnieks nevar apmaksāt citu parādus. Kam pašam nav parādu un ir iespēja palīdzēt, tas var samaksāt arī citu parādus. Pie tam vēl, visu ļaužu Izpircējam vajag būt tīram un nevainojamam, lai izpirktu visus ļaudis no grēka un nāves. Visi ļaudis – Ādama pēcnācēji un grēcinieki, tāpēc ka sagrēkojis pirmais visu ļaužu pirmtēvs Ādams. Neviens no viņa pēcnācējiem nevar būt visu ļaužu Izpircējs, jo visi ļaudis paši ir grēcinieki. Pat pats varenākais cilvēks vēsturē nevar nest atbildību par cita grēkiem.

Vai Jēzus atbilst šai prasībai?

Mateja evaņģēlijs 1:18-21 apraksta Jēzus piedzimšanu. Viņš bija ieņemts no Svētā Gara, bet ne no vīrieša un sievietes savienošanās. Panti saka:

«Bet Jēzus Kristus piedzimšana notika tā: kad viņa māte Marija bija saderināta ar Jāzepu, notika, pirms tie nāca kopā, ka viņa kļuva grūta no Svētā Gara. Bet Jāzeps, viņas vīrs, būdams taisns un negribēdams viņai darīt kaunu, taisījās viņu slepeni atstāt. Bet viņam tā savā prātā domājot, redzi, tā Kunga eņģelis parādījās sapnī un sacīja: Jāzep, tu Dāvida dēls, nebīsties Mariju, savu sievu, ņemt pie sevis, jo kas viņā iedzimis ir no Svētā Gara. Viņa dzemdēs dēlu, un tā vārdu tev būs saukt Jēzus, jo viņš atpestīs savu tautu no viņas grēkiem.»

Pēc ciltsrakstiem Jēzus bija Dāvida pēcnācējs (Mateja ev. 1; Lūkas ev. 3:23-37). Tomēr Viņš bija ieņemts no Svētā Gara pirms vēl Marija sagāja kopā laulībā ar Jāzepu. Tāpēc viņā nebija grēcīgās dabas.

Katrs piedzimst mantojot savu vecāku grēcīgo dabu. Citiem vārdiem, pēc Ādama grēkā krišanas viņš nodeva savu grēcīgo dabu visiem saviem pēcnācējiem. Tā arī līdz pat šīm dienām tā ir visu ļaužu mantota un saucās «pirmdzimtais grēks.» Šī iemesla dēļ visi Ādama pēcnācēji – grēcinieki un citu cilvēku izpirkt nevar.

Tāpēc Dievs Tēvs ieplānoja, lai Viņa Dēls Jēzus būtu ieņemts no Svētā Gara, Jaunavas Marijas miesās. Tādā veidā, Jēzus kļuva miesa un ienāca šajā pasaulē, taču nebija Ādama pēcnācējs.

Treškārt: Viņam vajadzēja tādu spēku, kas uzvarētu Sātanu

Atkal mēs 3. Mozus gr. 25:26-27, lasām:

«Un ja kādam izpircēja nav, bet viņš no savas rocības spēj samaksāt izpirkšanas maksu, tad lai viņš skaita gadus, kad viņš pārdevis, un to, kas pāri palicis gadu maksā, lai tas atdod tam vīram, kam viņš bija pārdevis, un lai viņš pats atgriežas savā īpašumā.»

Ja īsumā, tad Izpircējam vajag būt spējīgam izpirkt pārdodamo zemi. Trūcīgs cilvēks, pat pie lielas vēlēšanās, nevar samaksāt sava drauga parādus. Tādā pat veidā Izpircējs, lai izpirktu visus ļaudis no to grēkiem, nedrīkst būt nekādā veidā grēcīgs. Bet būt bez grēka garīgajā pasaulē nozīmē būt spēcīgam.

Izpircējam vajag būt spēkam uzvarēt ienaidnieku – velnu un sātanu un atjaunot pazaudēto Ādama varu. Tas ir, Izpircējam nedrīkst būt ne pirmdzimtā ne arī kāda sava paša personīgā grēka. Tikai bezgrēcīgs Izpircējs varēs gūt uzvaru un atbrīvot visus ļaudis no sātana.

Vai Jēzus bija bezgrēcīgs?

Jēzum nebija pirmdzimtā grēka, tāpēc, ka bija ieņemts no Svētā Gara. Viņš pilnībā paklausīja Dieva baušļiem, tāpēc, ka auga dievbijīgu vecāku uzraudzībā. Viņš piepildīja mīlestības Bausli. Viņš bija astotajā dienā pēc Savas dzimšanas apgraizīts (Lūkas ev. 2:21). Viņš nebija izdarījis nevienu paša grēku un tikai pakļāvās Dieva Tēva gribai līdz Savai piesišanai krustā 33 gadu vecumā (1. Pētera vēst. Ebrejiem 7:26). Jēzus varēja uzvarēt sātanu un varēja izpirkt visus ļaudis, jo Viņā vispār nebija grēka. Daudzi Viņa spēkā darītie darbi liecina par Viņa «bezgrēcību.» Viņš izdzina dēmonus, darīja aklos redzīgus, kurlos dzirdīgus, klibos spējīgus iet un dziedināja jebkuru neārstējamu slimību. Kad viņš teica jūrai un vējam: «Klusu, mierā», pavēlēja tiem, apklusa vētrainā jūra un spēcīgais vējš kļuva pavisam kluss (Marka ev. 4:39).

Beidzot, Viņam jāupurējas mīlestībā

Pat bagātnieks neizpirktu zemi, ja tam nebūtu mīlestības pret cilvēku, kas to pārdevis. Tā arī Izpircējam vajadzēja mīlēt grēciniekus tik ļoti, lai būtu gatavs Sevi ziedot, reizi un uz visiem laikiem atrisinot grēka problēmu.

Rutes grām.4:1-6, Boāzs labi zināja par Naomijas nabadzību un piedāvāja viņas tuvākajam radiniekam izpirkt viņas zemi, ja tas gribēs. Tomēr tas cilvēks atteicās, sakot Boāzam: *«Es nevaru to sev pirkt, lai nesabojātu savu mantojumu. Saņem tu manas pirkšanas tiesības, jo es to nevaru pirkt»* (6. pants). Viņš neizpirka zemi priekš Naomijas un Rutes, lai arī bija pietiekoši bagāts, lai to izdarītu. Viņš negribēja to darīt, tāpēc ka viņā nebija mīlestības, kas upurējas. Pēc šīs sarunas Boāzs, tuvākais pēc viņa radinieks, kuram bija izpirkuma tiesības, izpirka zemi, tāpēc ka viņam bija tāda mīlestība, kas nes upurus.

Boāzs kļuva likumīgais zemes izpircējs un apprecēja Ruti, jo viņam bija pietiekoši mīlestības, lai izpirktu Noamijas zemi. Dēls, kas no Boāza piedzima Rutei kļuva par vecvectēvu ķēniņam Dāvidam un iegāja Jēzus ģimenes ciltsrakstu līnijā.

Jēzus bija piesists krustā, jo mīlēja. Jēzus bija Vārds, taču kļuva miesa un atnāca uz šo zemi. Viņš nebija Ādama pēcnācējs, jo bija ieņemts no Svētā Gara. Tādā veidā Viņš piedzima bez pirmdzimtā grēka. Viņam bija spēks izpirkt visus ļaudis no grēka, jo Pats bija bezgrēcīgs.

Taču bez garīgas un ziedoties spējīgas mīlestības, Viņš nevarēja kļūt par Izpircēju, pat atbilstot pārējām trīs prasībām. Viņam vajadzēja saņemt sodu, uz kuru bija nolemti grēcinieki, lai atpirktu visus ļaudis no grēkiem.

Pret Viņu vajadzēja izturēties, kā pret pašu nopietnāko un bīstamāko noziedznieku, Viņam bija lemts būt pakārtam pie raupja koka krusta. Lai izglābtu visus ļaudis, Viņam vajadzēja izciest apvainojumus, ņirgāšanos un kļūt par izsmiekla objektu. Viņa ķermenim vajadzēja būt notecējušam ar asinīm un ūdeni. Viņam vajadzēja dārgi maksāt un pienest lielu upuri.

Neiespējami vēsturē atrast gadījumu, ka kāds nevainīgs ķēniņa dēls būtu nomiris par savu ļauno un muļķīgo tautu. Jēzus – Vienīgais, Vienpiedzimušais Visvarenā Dieva Dēls, ķēniņu

Ķēniņš, Kungs pār visiem kungiem un visas radības Kungs. Šis varenais, cēlais un nevainīgais Jēzus bija piekārts pie krusta un nomira, izlējis savas asinis. Kāda gan neizmērojama mīlestība Viņam bija pret mums? Īstenībā, Jēzus darīja tikai labu visas Savas dzīves laikā. Viņš piedeva grēkus, dziedināja visa veida slimības, atbrīvoja no dēmoniem, dāvināja Labo miera vēsti, prieku un mīlestību, un patiesu cerību uz Debesīm un glābšanu. Vēl vairāk, Viņš atdeva par grēciniekiem Savu dzīvību. Vēstulē Romiešiem 5:7-8, teikts: «*Neviens tik lēti nemirs par kādu taisno. Par to, kas labs jau drīzāk kāds ir gatavs mirt. Bet Dievs savu mīlestību uz mums pierāda ar to, ka Kristus par mums miris, kad vēl bijām grēcinieki.*» Dievs Tēvs atdeva Savu Vienīgo un Vienpiedzimušo Dēlu Jēzu mums, kas nebijām ne taisni, ne labi un atļāva Viņam tikt pienaglotam pie krusta un nomirt. Tādā veidā Viņš parādīja vislielāko mīlestību.

Tāpēc es lūdzu Tā Kunga vārdā, lai jūs saprastu, ka ir neiespējami izglābties ar kādu citu vārdu, izņemot Jēzu Kristu, lai jūs iegūtu tiesības kļūt par Dieva bērniem, pieņemot Jēzu Kristu un vienmēr dzīvotu kā uzvarētāji, kam ir pārliecība glābšanā!

5. Nodaļa

KĀPĒC JĒZUS MŪSU VIENĪGAIS GLĀBĒJS?

- Glābšana caur Jēzu Kristu
- Kāpēc Jēzus bija piesists
  pie koka krusta?
- Nav cita vārda pasaulē izņemot
  Jēzu Kristu

«Un šis ir akmens, ko jūs nama cēlāji, esat atmetuši un kas kļuvis par stūra akmeni. Nav pestīšanas nevienā citā; jo nav neviena cita vārda zem debess cilvēkiem dots, kurā mums lemta pestīšana.»

Ap. d. 4:11-12

Jūs no visas sirds iemīlēsiet Dievu, kad apzināsaties Viņa dziļo un rūpju pilno nodomu audzinot cilvēci. Vēl vairāk, saprotot Dieva glābšanas plānu caur Jēzu Kristu, jums vajadzētu būt sajūsminātiem par Viņa mīlestību un gudrību.

Kā gan caur Jēzu Kristu piepildījās glābšanas plāns, kas bija apslēpts no mūžības laikiem? Es teicu jums agrāk, ka Trīsvienības Dievs sagatavojis Vienu, kurš derīgs, lai izpirktu visus ļaudis pēc garīgā likuma un nav neviena cita zem debess, izņemot Jēzu, kurš atbilstu prasībām, kas prasītas Izpircējam.

Jēzus – vienīgais, cilvēks, bet ne Ādama pēcnācējs, tāpēc ka ieņemts no Svētā Gara un atnācis miesā uz zemes. Un vēl, Viņam bija spēks un mīlestība, lai izpirktu visus cilvēkus. Tā Viņš varēja atvērt glābšanas ceļu visiem ļaudīm, tiekot sists krustā.

Tāpēc Svēto Apustuļu darbos 4:11-12, teikts: *«...Nav pestīšanas nevienā citā; jo nav neviens cits vārds zem debess cilvēkiem dots, kurā mums lemta pestīšana.»* Katrs, kurš pieņem un tic Jēzum Kristum, tiek glābts, viņam visi grēki tiek piedoti. Viņš iznāks no tumsas Gaismā un saņems varu un Dieva bērnu svētību.

Tagad es izskaidrošu, kāpēc vajag ticēt Jēzum, Kurš bija piesists krustā tāpēc, lai mēs kļūtu glābti un saņemtu varu, un Dieva bērna svētību.

Glābšana caur Jēzu Kristu

Dievs sagatavojis glābšanas ceļu jau no mūžības laikiem. 1.
Mozus grāmata pravieto par Jēzu un cilvēces glābšanas
noslēpumu izmantojot krustu.

1. Mozus 3:14-15 lasām:

*«Un Dievs Tas Kungs sacīja čūskai: «Tādēļ, ka tu to
esi darījusi, tu esi nolādēta visu lopu un lauku zvēru
vidū! Uz sava vēdera tev būs līst un pīšļus ēst visas sava
mūža dienas. Un es celšu ienaidu starp tevi un sievu,
starp tavu dzimumu un sievas dzimumu. Tas tev
sadragās galvu, bet tu viņam iekodīsi papēdī.»»*

Kā jau tika runāts, garīgi «čūska» nozīmē ienaidnieku
sātanu, bet vārdi «ēst pīšļus» simbolizē ienaidnieka sātana
kundzību pār ļaudīm, kuri radīti no zemes pīšļiem. «Sieva»
nozīmē «Izraēlu», bet «sievas dzimums» runā par Jēzu. Frāze
«tu (čūska) iekodīsi viņam papēdī» nozīmē, ka Jēzus būs
piesists krustā, bet sievas dzimums «sadragās tev (čūskai)
galvu» nozīmē, ka Jēzus sagraus ienaidnieka nometni – velnu un
sātanu – ar Savu augšāmcelšanos no mirušiem.

Sātans nevarēja saprast Dieva plānu

Dievs turēja noslēpumā šo plānu par glābšanu, lai ienaidnieks
– velns un sātans – nevarētu uzzināt un izprast Viņa gudrību.

Ienaidnieks – velns un sātans, līdz tam pirms bija sakauts, pūlējās nogalināt «sievas dzimumu.» Viņš domāja, ka viņam uz mūžīgiem laikiem atdota Ādama vara, kurš nepaklausīja Dievam. Tomēr ienaidnieks sātans nezināja, kas ir «sievas dzimums.» Tāpēc vēl no Vecās Derības laikiem viņš mēģināja nogalināt Dieva iemīlētos praviešus.

Kad piedzima Mozus, ienaidnieks – velns un sātans – mudināja faraonu, ēģiptes ķēniņu nogalināt visus ebreju jaundzimušos zēnus (2. Mozus 1:15-22). Kad Jēzus bija ieņemts no Svētā Gara un atnāca uz šo zemi miesā, ienaidnieks sātans mudināja ķēniņu Ērodu darīt to pašu.

Tomēr Dievam jau bija zināms ienaidnieka sātana plāns. Tā Kunga eņģelis parādījās sapnī Jāzepam un lika viņam ņemt mazuli un māti un iet uz Ēģipti. Dievs atļāva ģimenei tur dzīvot līdz ķēniņa Ēroda nāvei.

Dievs pieļāva Jēzus krustā sišanu

Jēzus auga zem Dieva aizsardzības un 30 gadu vecumā sāka Savu kalpošanu. Viņš staigāja pa visu Galileju, mācot sinagogās, dziedinot katru slimību un katru kaiti ļaudīm, uzcēla mirušos, sludināja Evaņģēliju nabagiem (Mateja ev. 4:23; 11:5).

Pa to laiku, ienaidnieks – velns un sātans – atkal realizēja savus nodomus, lai augstie priesteri, rakstu mācītāji un farizeji gribētu nogalināt Jēzu. Tomēr, kā jums jau ir zināms no Bībeles, viltnieks nevarēja pat pieskarties Jēzum, jo visi notikumi, kas notika Viņa dzīves laikā bija pilnīgā Dieva kontrolē.

Dievs pieļāva ienaidniekam – velnam un sātanam – piesist

Jēzu krustā tikai pēc trīs Viņa kalpošanas gadiem. Tad uz Jēzus galvas uzmauca ērkšķu kroni un nogalināja Viņu, pienaglojot pie Krusta Viņa rokas un kājas, sagādājot Viņam neizsakāmas sāpes. Krustā sišana – nežēlīgākais soda veids. Ienaidnieks sātans stipri sapriecājās pēc tā, kad nogalināja Jēzu tādā nežēlīgā veidā. Sātans dziedāja uzvaras dziesmas, tāpēc, ka bija pārliecināts, ka varēs valdīt pār pasauli, un neviens netraucēs viņa varai. Taču Dieva plānā bija apslēpts noslēpums.

Ienaidnieks – velns un sātans – pārkāpa garīgo likumu

Dievs nepiemēro Savu absolūto suverēno spēku pret likumu, jo Viņš ir taisnīgs. Viņš sagatavoja glābšanas ceļu pēc garīgā likuma no mūžības laikiem, tāpēc ka Viņš rīkojas tikai saskaņā ar garīgiem likumiem.

Tāpēc, ka grēka alga ir nāve pēc garīgā likuma (vēst. Romiešiem 6:23) bezgrēcīgais nevar nomirt. Taču ienaidnieks – velns un sātans – piesita pie krusta bezgrēcīgo un nevainīgo Jēzu (1. Pētera vēstule 2:22-23). Ar to sātans pārkāpa garīgo likumu un iekrita pats savā slazdā. Viņš kļuva par cilvēces glābšanas ieroci, ko bija izplānojis Dievs. «Sievas dzimums» sadragāja viņa galvu, kā pravietots 1. Mozus grāmatā.

Vispār, čūska var iedzelt, ja uzkāpj viņai uz astes vai tai iesit, bet kļūst bezspēcīga, ja to tur aiz galvas. Tāpēc vārdi no 1. Mozus grāmatas: «... un celšu ienaidu starp tevi un sievu, starp tavu dzimumu un sievas dzimumu. Tas tev sadragās galvu, bet tu viņam iekodīsi papēdī», garīgi tas nozīmē, ka pateicoties Jēzum

Kristum ienaidnieks sātans zaudēja savu spēku un varu. Čūska, kas iekoda papēdī sievas dzimumam nozīmē Jēzus krustā sišanu, kas arī notika pēc Bībeles pravietojuma 1. Mozus 3:15.

Glābšana caur Jēzus krusta nāvi

Glābšanas ceļš, ko Dievs sagatavojis no mūžības laikiem, atklājās, kad Jēzus trešajā dienā pēc krusta nāves augšāmcēlās.

Apmēram 6 tūkstošus gadu atpakaļ Ādamam vajadzēja atdot savu no Dieva saņemto varu ienaidniekam sātanam, savas nepaklausības dēļ, pārkāpjot garīgās pasaules likumu (Lūkas 4:6). Tomēr pēc 4 tūkstošiem gadu sātans bija spiests iet bojā ejas ceļu, jo pārkāpa garīgo likumu.

Tāpēc ienaidniekam sātanam vajadzēja atbrīvot tos, kuri pieņēma Jēzu par savu glābēju, ticēja Viņa vārdam un ieguva tiesības saukties par Dieva bērniem. Vai ienaidnieks sātans pieļautu Jēzus piesišanu krustā, ja viņam būtu zināma šī Dieva gudrība? Protams, nē! 1. vēst. Korintiešiem 2:8 mums tiek atgādināts: *«To nav atzinis neviens šīs pasaules valdnieks, jo, ja tie to būtu atzinuši, tad tie nebūtu krustā situši godības Kungu.»*

Tie, kas nesaprot šo faktu arī šodien tāpat brīnās: «Kāpēc Visuvarenais Dievs nepasargāja savu Dēlu no nāves? Kāpēc Viņš pieļāva Viņam nomirt pie Krusta?» Taču, ja jūs labi saprastu krusta nozīmi, jūs zinātu kāpēc Jēzu vajadzēja piesist krustā, un kā Viņš kļuva par ķēniņu Ķēniņu un kungu Kungu, spīdoši uzvarot ienaidnieku sātanu. Un tā katru, kas tic Jēzum kā Glābējam, kurš nomiris pie krusta un trešajā dienā augšāmcēlies, lai izpirktu ļaudis no visiem grēkiem, var saukt par taisnotu un izglābtu.

Kāpēc Jēzus bija piesists pie koka krusta?

Kāpēc Jēzus bija piesists pie koka krusta? Kāpēc krusts bija no koka? Bija dažādi nāves soda veidi, taču Jēzus nomira pie koka krusta. Kā teikts Vēstulē Galatiešiem 3:13-14, ir trīs galvenie iemesli, kuru dēļ Jēzus bija piesists pie koka krusta.

Pirmais, lai izpirktu mūs no lāsta likuma

Vēstulē Galatiešiem 3:13 teikts: *«Kristus ir mūs atpircis no bauslības lāsta, mūsu labā kļūdams par lāstu, jo ir rakstīts: nolādēts ir ikkatrs, kas karājās pie koka.»* Ar to var izskaidrot, ka Jēzus izpirka mūs no lāsta likuma caur nāvi uz koka krusta.

Visi ļaudis ir zem lāsta un viņiem lemts mirt pirmā cilvēka Ādama grēka dēļ, kā rakstīts Vēstulē Romiešiem 6:23: *«Jo grēka alga ir nāve.»* Tomēr Dievs atdeva Savu Dēlu Jēzu, lai glābtu cilvēci un ļāva Viņam nomirt uz koka krusta, lai izpirktu tos no lāsta likuma (5. Mozus grām. 21:23).

Vēl vairāk, Jēzus izlēja Savas dārgās asinis uz krusta. Apskatīsimies 11 un 14 pantu 3. Mozus grāmatas 17. nodaļā:

«Jo miesas dvēsele mīt asinīs, tādēļ Es tās jums esmu devis uz altāra, lai jūsu dvēseles tiek salīdzinātas, jo asinis salīdzina dvēseli» (11 p.).

«Jo ikvienas miesas dvēsele ir viņas asinīs» (14 p.).

Mozus grāmatas autors raksta, ka dzīvība ir asinis, tāpēc ka katrai radībai vajadzīgas asinis, lai dzīvotu un bez tām jāmirst. Tomēr mirušā miesa atgriežas pīšļos, bet dvēsele iet vai nu uz Debesīm vai arī uz elli. Lai saņemtu mūžīgo dzīvi, mums vajag būt atbrīvotiem no visiem mūsu grēkiem. Taču, lai visi mūsu grēki būtu piedoti vajadzīga asins izliešana, kā teikts Vēstulē Ebrejiem 9:22: *«Un gandrīz viss tiek šķīstīts asinīs saskaņā ar bauslību, un bez asins izliešanas nav piedošanas.»* Šī iemesla dēļ Vecās Derības ļaudīm katru reizi, kad tie sagrēkoja, vajadzēja pienest, kā upuri dzīvnieku asinis. Taču Jēzus izlēja Savas dārgās asinis vienreiz par visiem, lai dotu ļaudīm piedošanu un mūžīgo dzīvi, jo Viņam Pašam nebija ne pirmdzimtā, ne arī kāda cita grēka.

Tādā veidā arī mēs varam saņemt mūžīgo dzīvi pateicoties dārgajām Jēzus Asinīm. Jēzus nomira mūsu vietā un atvēra mums ceļu, lai kļūtu par Dieva bērniem.

Otrais: lai dotu Ābrahāma svētību

Pirmā daļā Vēstulē Galatiešiem 3:14, teikts: *«lai Ābrahāma svētība nāktu pār pagāniem Jēzū Kristū....»* Tas nozīmē, ka Dievs dod svētības, kas apsolītas Ābrahāmam, ne tikai izraēliešiem, bet tāpat arī visiem pagāniem, kuri pieņēmuši Jēzu kā Savu Glābēju, tiek pasludināti par taisnajiem.

Ābrahāms bija nosaukts par «ticības tēvu» un Dieva draugu, bija svētīts ar bērniem, veselību, ilgu mūžu, turību u.t.t.Iemesls, kura dēļ Ābrahams bija bagātīgi svētīts norādīts 1. Mozus 22:15-18:

Tad Dieva eņģelis sauca Ābrahāmu otreiz no debesīm un sacīja: «Es esmu zvērējis, saka Tas Kungs, ka tāpēc,

ka tu to esi darījis un neesi taupījis savu vienīgo dēlu, Es
tevi svētīdams svētīšu un vairodams vairošu tavus
pēcnācējus, kā debesu zvaigznes, kā smiltis jūras malā.
Un tavi pēcnācēji iekaros tavu ienaidnieku vārtus. Un
tajos tiks svētītas visas zemes tautas, tāpēc ka tu esi
paklausījis Manai balsij.»

Ābrahāms paklausīja, kad Dievs teica viņam: «*Un Tas Kungs*
sacīja uz Ābrahāmu: «*Izej no savas zemes, no savas cilts un*
no sava tēva nama uz zemi, kuru es tev rādīšu» (1. Mozus
12:1). Viņš tāpat nežēlojās, bez ierunām paklausīja, kad Dievs
teica: «*Ņem savu vienīgo dēlu, kuru tu mīli, Īzāku, un ej uz*
Morija zemi un upurē to tur par dedzināmo upuri uz kāda no
kalniem, kuru Es tev norādīšu» (1. Mozus 22:2). Ābrahāms bija
gatavs to izdarīt, tāpēc ka ticēja Dievam, Kurš ir spēcīgs uzcelt no
mirušajiem (Vēst. Ebrejiem 11:19). Viņam bija tāda stipra ticība,
ka viņš spēja kļūt svētīts un kļūt par ticības tēvu.

Tāpēc Dieva bērniem, kas pieņēmuši Jēzu kā savu Glābēju,
pienākas, lai viņiem būtu Ābrahāma ticība. Jūs varēsiet
pagodināt Dievu, saņēmuši visas zemišķās svētības.

Treškārt: dot Gara apsolījumu

Otrā daļā Vēstulē Galatiešiem 3:14 teikts: «*...tā ka ticībā*
mēs saņemam Gara apsolījumu.» Tas nozīmē, ka katrs, kurš tic,
ka Jēzus ir nomiris pie koka krusta par visiem ļaudīm, tiek
atbrīvots no lāsta likuma un saņem apsolīto Svēto Garu. Papildus
tam, katrs kurš pieņem Jēzu kā Glābēju, saņem Dieva bērna varu

un kā dāvinājumu un mierinājumu Svēto Garu (Jāņa ev. 1:12; Vēstule Romiešiem 8:16). Kad mēs pieņemam Svēto Garu, tad varam saukt uz Dievu: «Abba – Tēvs!» (Vēst. Romiešiem 8:15), mūsu vārdi tiek ierakstīti Dzīvības Grāmatā Debesīs (Lūkas ev. 10:20), un mēs saņemam debesu pilsonību (Vēst. Filipiešiem 3:20). Tas ir tāpēc, ka Svētais Gars, Kurš ir Dieva Sirds un Spēks, vada mūs uz mūžīgo dzīvi, palīdzot mums saprast Dieva Vārdu un ar ticību dzīvot pēc Viņa Vārda.

Tomēr mēs būsim izglābti ne tikai ar Jēzus atzīšanu par savu Glābēju, bet tāpat arī ar ticību mūsu sirdī, ka Viņš sarāva nāves varu un augšāmcēlās. Vēstule Romiešiem 10:9 vērš pie tā mūsu uzmanību: «*Jo ja tu ar savu muti apliecināsi Jēzu par Kungu un savā sirdī ticēsi, ka Dievs Viņu uzmodinājis no miroņiem, tu tiksi izglābts.*»

No mūžības laikiem Dievs paredzējis varenu plānu apvienojoties ar tiem, kas ticēs Jēzum kā Glābējam. Plāns ir brīnišķīgs un noslēpumains. Ļaudīm sakarā ar garīgās pasaules likumiem, kas saka, ka «grēka alga ir nāve» pienācās iet cauri nāves ceļam pirmā cilvēka grēka dēļ. Tomēr viņi varēja būt atbrīvoti no lāsta un izglābti ticībā pēc tā paša likuma, tāpēc ka sātans pārkāpa garīgās pasaules likumu.

Ļaudīm vajadzēja ciest no sāpēm, nelaimēm un nāves, kuru atnesa sātans, kad viņi nepaklausības dēļ kļuva par grēka vergiem. Tomēr katrs, kurš pieņem Jēzu kā Glābēju un saņem Svēto Garu var iegūt glābšanu, mūžīgo dzīvi, augšāmcelšanos un svētības pārpilnībā.

Dieva bērniem dotās privilēģijas un svētības

Kas atvērs savu sirdi un pieņems Jēzu Kristu, saņems piedošanu un tiesības kļūt par Dieva bērnu, iegūs mieru un prieku sirdī. Tas kļuva iespējams tāpēc, ka kādreiz Jēzus paņēma uz Sevis visus mūsu grēkus un par tiem bija piesists krustā. Psalmos 103:12 teikts: *«Cik tālu ir rīti no vakariem, tik tālu Viņš atliek mūsu pārkāpumus nost no mums.»* Tāpat Vēstulē Ebrejiem 10:16-18 rakstīts: *«Šī ir tā derība, ko Es ar viņiem celšu pēc tām dienām, saka Tas Kungs, Savus baušļus Es došu viņu sirdīs un rakstīšu tos viņu prātā, un viņu grēkus un viņu netaisnības vairs nepieminēšu. Bet, kur ir grēku piedošana, tur vairs nav upuru par grēku.»*

Nav nekā pasaulē, kas varētu būt cienīgs līdzināties Dieva bērnu tiesībām, kas viņiem dotas pēc ticības. Šajā pasaulē ķēniņa vai prezidenta bērni ir apveltīti ar īpašām tiesībām. Cik gan vēl lielākas ir Dieva Radītāja bērnu tiesības, kurš vada pasauli, cilvēces vēsturi un Visumu?

Ja jūs tikai apgalvojat: «Jēzus ir Glābējs», tad priekš Dieva tas nav pierādījums, kā jūsu patiesas ticības pazīme. Jums vajag saprast, kas ir Jēzus, kāpēc Viņš – mūsu Glābējs, un iegūt patiesu ticību uz šo zināšanu pamata. Tāda ticība dos jums Dieva gribas izprašanu, kas ir apslēpta krustā un ļaus atzīt: *«Kristus ir Kungs un Dzīvā Dieva Dēls.»*

Un vēl, jūs sāksiet dzīvot pēc Dieva prāta. Tāpēc Jēzus teica mums Mateja ev. 7:21: *«Ne ikkatrs, kas uz Mani saka: Kungs! Kungs! – ieies Debesu valstībā, bet tas, kas dara Mana Debesu Tēva prātu.»* Jēzus ir skaidri pasludinājis, ka tikai tie, kas saka Jēzum: «Kungs, Kungs» un pilda Dieva gribu un Vārdu būs izglābti.

Nav cita vārda pasaulē izņemot Jēzu Kristu

Ceturtā nodaļa Apustuļa darbos vēsta mums par to, kā Pēteris un Jānis droši liecina par Jēzus Kristus vārdu sinedrija priekšā. Viņi patiesi ticēja, ka nav cita vārda, izņemot Jēzus Kristus, kurā cilvēks iegūst glābšanu un Pēteris pilns Svēta Gara ieguva spēku un pasludināja sekojošo: *«Nav pestīšana nevienā citā; jo nav neviens cits vārds zem debess cilvēkiem dots, kurā mums lemta pestīšana»* (Ap. d. 4:12).

Kāda garīgā jēga ir ietverta vārdā «Jēzus Kristus»? Kāpēc Dievs nav devis mums nekādu citu vārdu, izņemot Jēzus Kristus, ar kuru mums jātiek izglābtiem?

Atšķirība starp vārdiem «Jēzus» un «Jēzus Kristus»

2. nodaļā Apustuļa darbos 16:31, teikts: *«Tici uz Kungu Jēzu, tad tu un tavs nams tiksiet pestīti.»* Iemesls kāpēc tekstā rakstīts «Kungs Jēzu», bet ne vienkārši «Jēzus» ir svarīgs.

Šeit, vārds «Jēzus» attiecas uz cilvēku, kurš izglābs Savu tautu no grēka. Grieķu vārds «Kristus», vai «Mesija» ebreju valodā nozīmē «svaidītais» un runā par Glābēju, kā par Starpnieku starp Dievu un ļaudīm. Tas ir «Jēzus» – nākošā glābēja vārds, bet «Kristus» – Glābēja vārds, kurš jau izglābs ļaudis.

Vecās Derības dienās Dieva svaidījums bija uz cilvēka, kuram vajadzēja kļūt par ķēniņu, mācītāju vai pravieti. Tas notika izlejot eļļu uz svaidāmā galvu (3. Mozus 4:3; 1. Samuēla 10:1; 1. Ķēniņa 19:16). Eļļa simbolizē Svēto Garu. Tāpēc svaidīt kādu ar eļļu nozīmēja dot Svēto Garu Dieva izredzētajam cilvēkam.

Jēzus bija svaidīts kā Ķēniņš, Pirmais Mācītājs un Pravietis un atnāca uz šo pasauli miesā, lai izglābtu visus ļaudis, saskaņā ar Dieva gribu, kas bija paredzēts vēl no Mūžības laikiem. Viņš bija piesists krustā, lai mūs izpirktu un kļūtu par mūsu Glābēju, kurš augšāmcēlās trešajā dienā. Attiecīgi, Viņš – Glābējs, kurš piepildīja Dieva glābšanas plānu, tātad Viņš – Ķēniņš.

Saucot Viņa vārdā «Jēzus» mēs vēršamies pie Jēzus līdz krustā sišanai. Bet pēc krustā sišanas un augšāmcelšanās pie Viņa jāvēršas kā pie «Jēzus Kristus», «Kungs Jēzus» vai «Kungs.»

Jums vajadzētu zināt, ka vārda «Jēzus» spēks, atšķiras no vārda «Jēzus Kristus» spēka. Viņu sauca par Jēzu līdz tam, kā Viņš izpildīja glābšanas uzdevumu, un ienaidnieks sātans ne ļoti baidījās no šī vārda. Tajā pašā laikā vārds «Jēzus Kristus» nozīmē trīs sekojošas lietas: «asinis, kas mūs izpērk no grēkiem; augšāmcelšanās, kas sagrauj nāves varu; mūžīgo dzīvi. Šī vārda priekšā ienaidnieks sātans dreb no bailēm.»

Daudz ļaužu aizmirst par šo faktu, tāpēc ka nesaprot atšķirību. Tomēr patiesība ir tajā, ka Dieva spēka darbi un atbildes būs atšķirīgas atšķirībā no tā, kādu vārdu jūs piesauksiet (Ap. d. 3:6).

Kad jūs lūdzaties Dievu mūsu Kunga Jēzus Kristus vārdā un

apzināties to, jūs varat dzīvot uzvarošu dzīvi, kura ir piepildīta ar ātrām un bagātīgām atbildēm no mūsu Visvarenā Dieva.

Jēzus pilnīgā paklausība

Lai arī Jēzus bija Dievs pēc Savas dabas, Viņš necentās līdzināties Dievam, nepaziņoja par Savām kā Dieva tiesībām. Viņš Sevi pazemoja; Viņš ieņēma pazemojošo kalpa stāvokli un cilvēka izskatu. Labam kalpam nav personīgās gribas. Viņš pūlas pēc sava Kunga gribas, bet ne pēc savējās. Viņa pienākums pakļauties savam kungam neatkarīgi no tā, vai tas atbilst viņa vēlmēm vai viņa jūtām. Jēzus pakļāvās Dieva gribai ar labprātīga kalpa sirdi un tādā veidā varēja piepildīt Savu cilvēces glābšanas misiju.

Dievs pagodināja Jēzu, kurš pakļāvās Dieva gribai ar vārdiem «jā» un «āmen», augstāk par visiem un ļāva daudz ļaudīm pasludināt Viņu kā Kungu.

«Tāpēc arī Dievs Viņu ļoti paaugstināja un dāvinājis Viņam Vārdu pāri visiem vārdiem, lai Jēzus Vārdā locītos visi ceļi debesīs un zemes virsū un pazemē. Un visas mēles apliecinātu, ka Jēzus Kristus ir Kungs Dievam Tēvam par godu» (Vēstule Filipiešiem 2:9-11).

Vārds «Kungs Jēzus» liecina par Dieva spēku

Jāņa ev. 1:3 teikts: *«Caur Viņu viss ir radies, un bez Viņa nekas nav radies, kas ir.»* Tā ka viss pasaulē bija radīts caur Jēzu,

Viņam ir vara vadīt visu kā Radītājam. Kad Jēzus, Dieva Radītāja dēls pavēlēja, nedzīvās stihijas – vētra, viļņi – paklausīja Viņam un norima, bet vīģes koks vienā mirklī nokalta, kad Viņš to nolādēja. Jēzum bija vara piedot grēkus un izglābt grēciniekus no soda par tiem. Tā Jēzus teica paralizētajam Mateja Evaņģēlijā 9:2: «*Ņemies drošu prātu, dēls, tavi grēki tev piedoti*» un 6. pantā: «*Bet lai jūs zinātu, ka Cilvēka Dēlam ir vara virs zemes grēkus piedot!*» *Viņš saka uz triekas ķerto: «Celies ņem savu gultu un ej uz mājām.*»

Jēzum bija arī spēks dziedināt visa veida slimības un vainas, uzcelt mirušos. Jāņa evaņģēlijā 2. nodaļā aprakstīts gadījums, kurā mirušais Lācars iznāca no kapa, līķautiem apsaitētām rokām un kājām, kad Jēzus skaļā balsī sauca: «Lācar! Nāc ārā!» Lācars bija miris četras dienas un bija jūtama trūdu smaka, taču viņš iznāca no kapa kā vesels cilvēks.

Līdzīgā veidā Jēzus dod jums lūgto ticībā, tāpēc ka Viņam ir brīnišķīgs spēks no Dieva.

Jēzus Kristus, Dieva mīlestība

Kā teikts Jāņa 1. vēstulē 4:10: «*Šī ir tā mīlestība nevis, ka mēs esam mīlējuši Dievu, bet ka Viņš mūs mīlējis un sūtījis Savu Dēlu mūsu grēku izpirkšanai*» – Dievs parādīja mums Savu apbrīnojamo mīlestību. Viņš sūtīja Savu Vienpiedzimušo Dēlu, kā izpirkšanas upuri, kad mēs vēl bijām grēcinieki. Dievam vajadzēja pārciest lielas sāpes, bet Viņš atvēra glābšanas ceļu cilvēcei, kad Viņa Dēls Jēzus bija pienaglots pie krusta un izlēja

Savas Asinis. Ko juta Mīlestības Dievs, kad Viņam vajadzēja redzēt Sava Vienīgā Dēla piesišanu krustā? Dievs nevarēja uz to skatīties sēžot Savā Tronī. Mateja Evaņģēlijs 27:51-54 saka mums, cik ļoti Dievs cieta, kad Jēzus bija piesists krustā:

> *«Un redzi, Tempļa priekškars pārplīsa no Augšas līdz apakšai divos gabalos, un zeme trīcēja, un klintis šķēlās, un kapi atdarījās, un daudzu svēto miesas, kas dusēja, cēlās augšām. Un tie izgāja nokapiem, pēc Viņa augšāmcelšanās, nāc svētajā pilsētā un parādījās daudziem. Bet virsnieks un tie, kas bija pie Viņa un sargāja Jēzu, redzēdami zemestrīci un visu, kas tur notika, ļoti izbijās un sacīja: «Patiesi Šīs bija Dieva Dēls.»*

Tas skaidri parāda, ka Jēzus bija krustā sists ne par Saviem personīgajiem grēkiem, bet no Dieva lielās mīlestības, lai atvestu visus ļaudis uz glābšanas ceļa. Tomēr daudzums ļaužu nepieņem un nesaprot šo pārsteidzošo Dieva mīlestību.

Pēc Ādama nepaklausības ļaudis jau vairs nevarēja būt ar Dievu, viņi kļuva par ļaudīm ar grēcīgu dabu. Tomēr Jēzus atnāca uz zemi un kļuva par Starpnieku starp Dievu un mums, lai Viņš dotu Emanuela svētības visiem ļaudīm (Mateja 1:23). Caur Jēzus sāpēm uz krusta mēs ieguvām patiesu mieru un samierināšanu ar Dievu.

Tāpēc, es ceru, jūs saprotat vareno Dieva mīlestību, kurš atdeva Savu Vienīgo Dēlu, lai izpirktu mūs no grēkiem un mūžīgās nāves, saprotat upurējošo Kunga mīlestību, atdodot nevainīgi krustā piesisto mūsu vietā un atverot glābšanas ceļu.

6. Nodaļa

KRUSTA PROVIDENCE

- Dzimis kūtī un ielikts silē
- Jēzus dzīvoja nabadzībā
- Šaustīšana un Viņa asiņu izliešana
- Ērkšķu vainags uz galvas
- Jēzus apģērbs un viņa hitons
- Viņa rokas un kājas caururba
  ar naglām
- Jēzus lieli netika pārlauzti,
  bet viņa sānu caurdūra

«*Taču viņš nesa mūsu sērgas un ciešanas, un mūsu sāpes viņš bija uzkrāvis sev, kurpretī mēs viņu uzskatījām par sodītu, Dieva satriektu un nomocītu. Viņš bija ievainots mūsu pārkāpumu dēļ un mūsu grēku dēļ satriekts. Mūsu sods bija uzlikts viņam mums par atpestīšanu un ar viņa brūcēm mēs esam dziedināti. Mēs visi maldījāmies kā avis, ikviens raudzījās tikai uz savu ceļu, bet Tas Kungs uzkrāva visus mūsu grēkus viņam.*»

Jesajas 53:4-6

Dieva plānā, lai iegūtu patiesus bērnus, pati svarīgākā daļa bija tas, ka Jēzus atnāca uz šo pasauli miesā, bija pakļauts visām iespējamajām ciešanām un nomira pie krusta. Ar to Viņš nodrošināja ceļu uz glābšanos visai cilvēcei. Dieva paredzētajam krustam ir dziļa garīga nozīme. Jēzus – Vienpiedzimušais Dieva Dēls, atstāja debesu godību, piedzima lopu kūtī un visu Savu dzīvi nodzīvoja nabadzībā.

Un vēl piedevām Viņu šaustīja, rokas un kājas caururba ar naglām, uz galvas uzlika ērkšķu vainagu. Viņš izlēja asinis un ūdeni, kad šķēps caururba Viņu. Katrā Jēzus ciešanu momentā ietverta visu uzvarošā Dieva mīlestība.

Kad jūs pilnībā izpratīsiet garīgo krusta nozīmi un Jēzus ciešanas, jūsu sirds noteikti būs aizkustināta no Dieva mīlestības, bet jūsu ticība kļūs patiesa. Jūs iegūsiet mūžīgo Debesu Valstību un varēsiet saņemt atbildes pie jebkurām dzīves likstām, tādām, kā nabadzība un slimības.

Dzimis kūtī un ielikts silē

Jēzus būdams pēc Savas dabas Dievs, bija Debesu un zemes saimnieks un visa slava piederēja Viņam. Un tomēr, Viņš atnāca uz šo pasauli miesā, lai izpirktu cilvēces grēkus un pievestu tos pie glābšanas.

Jēzus – Vienīgais Visvarenā Dieva Radītāja Dēls. Kāpēc gan Viņš nepiedzima, ja arī ne greznībā, tad kaut vai ērtā vietā? Vai nevarēja Dievs ļaut Viņam piedzimt lieliskā pilī? Kāpēc Viņam labpatika, lai Jēzus piedzimtu kūtī un būtu ielikts silē? Tajā ir ietverta dziļa garīga jēga. Jums vajadzētu zināt, ka Jēzus piedzimšana piepildīta ar brīnišķīgu garīgu nozīmi, un kaut arī ļaudis to nevarēja redzēt, Dievs bija tik dziļi apmierināts ar Jēzus dzimšanu, ka ieskāva Viņu ar slavas ugunīm, klātesot lielam pulkam debesu garu un eņģeļu. Sajust Viņa lielo prieku ļaus fragments no Lūkas Evaņģēlija 2:14 kur rakstīts sekojošais: «*Gods Dievam augstībā un miers virs zemes, un cilvēkiem labs prāts.*» Dievs tāpat sagatavoja labos ganus un Austrumu gudros, un atveda tos pielūgt jaundzimušo Jēzu.

Viņu slavēja, Viņu pielūdza, tāpēc ka ar Viņa ienākšanu šajā pasaulē, atvērās glābšanas durvis un lielam daudzumam ļaužu pavērās iespēja ieiet mūžīgajās Debesīs, kā Dieva bērniem un Jēzum, Dieva Dēlam pienācās kļūt par ķēniņu Ķēniņu un kungu Kungu.

Dieva apslēptais nodoms Kristus dzimšanā

Kad Jēzus piedzima, ķeizars Augusts izdeva pavēli par iedzīvotāju pierakstīšanu visā Romas impērijā. Ebreji bija, kā kolonija, zem Romas pārvaldīšanas un katram no viņiem, lai izpildītu ķeizara pavēli, vajadzēja atnākt reģistrēties savā pilsētā. Jāzeps arī gāja ar savu līgavu Mariju no Nācaretes Galilejā uz Betlēmi, Dāvida pilsētu, jo piederēja pie Dāvida nama un cilts.

Marija bija saderināta ar Jāzepu un ieņēma bērnu no Svētā Gara līdz tam, kā viņi tur gāja, bet dzemdēja savu pirmdzimto Jēzu laikā, kad viņi tur uzturējās. Nosaukums «Betlēme» nozīmē «Maizes nams», un tā bija ķēniņa Dāvida dzimtā pilsēta (1. Samuēla 16:1). Praviesa Mihas grāmatā 5:1 par Betlēmi teikts sekojošais: *«Bet tu Betlēme Efrotā, kas esi maza starp tūkstošiem no Jūdas, no tevis nāks tas, kam jābūt par valdnieku Izraēlā un kura izcelšanās meklējama sensenos laikos, mūžības pirmslaikos.»*

Par Betlēmi bija pravietojums, kā par Mesijas dzimšanas vietu. Tajā laikā neatradās Marijai un Jāzepam naktsmītne, jo tūkstošiem ļaužu bija ieradušies Betlēmē, lai reģistrētos. Tāpēc Marija dzemdēja mazuli kūtī. Viņa ietina Viņu autos un ielika silē – garā barotavā govīm un zirgiem.

Kāpēc gan Jēzus, atnācis kā cilvēces Glābējs piedzima tādā pieticīgā un pazemīgā veidā?

Izpirkt ļaudis, kas līdzīgi dzīvniekiem

Salamans mācītājs 3:18 saka: *«Tad es savā sirdī nodomāju: tas ir cilvēku bērnu dēļ, ka viņi ir līdzīgi dzīvniekiem.»* Ļaudis, zaudējuši Dieva līdzību, kļuva līdzīgi dzīvniekiem Dieva acīs. Pirmais cilvēks Ādams no sākuma bija dzīva būtne, radīta pēc Dieva līdzības. Viņš bija tāpat gara cilvēks, jo Dievs mācīja viņu tikai patiesībai.

Taču Ādams ēda augli no laba un ļauna atzīšanas koka pretēji Dieva aizliegumam. Viņa Gars nomira, un viņš vairāk nevarēja būt par visa radītā valdnieku. Sātans pavedināja Ādamu padoties savai grēcīgai dabai un tīrā un taisnā Ādama sirds pārvērtās par netīru un melīgu.

Jūs iespējams esat dzirdējuši izteicienu: «Viņš nemaz nav labāks par dzīvnieku.» Jūs bieži dzirdat masu informācijas līdzekļos par ļaužu darbiem, kas maz atšķiras no dzīvniekiem. Sava labuma dēļ viņi labprāt krāpjas un apmāna kaimiņus, klientus, draugus un ģimenes locekļus. Vecāki un bērni naida piepildīti, reizēm gatavi viens otru nogalināt. Ļaudis uzdrīkstas tādas ļaunprātības tāpēc, ka dvēsele kļuvusi par cilvēka saimnieku no gara nāves brīža, un grēku dēļ viņi zaudējuši Dieva līdzību. Līdzīgi dzīvniekiem, viņiem ir tikai miesa un dvēsele, bet tādi nevar ieiet Debesīs, nevar saukt Dievu: «Abba, Tēvs!» Jēzus piedzima kūtī, lai izpirktu ļaudis, kuri nebija ne ar ko labāki par dzīvniekiem.

Jēzus – patiesā garīgā barība

Jēzu ielika silē, kurā lika barību zirgiem, tādēļ lai Viņš kļūtu par patiesu garīgu barību ļaudīm, kuri ne ar ko nav labāki par dzīvniekiem (Jāņa ev. 6:51).

Citiem vārdiem, eksistēja dievišķs plāns, lai pievestu cilvēku pie pilnīgas glābšanas, dodot viņam iespēju atjaunot pazaudēto Dieva līdzību un piepildīt cilvēka uzdevumu. Kas ir cilvēka pienākums? Savā grāmatā 12:13-14 Salamans mācītājs apgaismo mūs:

«Gala iznākums no visa ir šāds: bīsties Dieva un turi Viņa baušļus, jo tas pienākas katram cilvēkam! Jo Dievs tai tiesā, kas nāks par visu apslēpto, pasludinās Savu

spriedumu par visu notikušo, vai tas būtu bijis labs vai
ļauns.»

Ko nozīmē «bīsties Dievu»? Salamana pamācības 8:13, saka
mums: *«Bijība Tā Kunga priekšā ir ienīst ļauno.»* Sekojoši
bīties Dievu nozīmē neuzņemt vairāk ļauno, pilnībā attīrīt no tā
savu sirdi.

Ja mēs tiešām baidāmies Dieva, mums vajag atteikties no
visāda ļaunuma, cīnīties pret grēku līdz pat asinīm. Kā
studentam, kas velta sevi mācībām labākas nākotnes vārdā, tā arī
mums vajag centīgi audzināt sevī Dieva bijību, pilnībā izpildot
cilvēka pienākumu, lai varētu baudīt Dieva mīlestību un svētības.

Bībelē jūs izlasīsiet, ka Dievs pavēl Saviem bērniem: «dari šo,
nedari to, glabā šo, atmet to.» No vienas puses Dievs saka mums,
ka Dieva bērniem vajag «lūgties, mīlēt, būt pateicīgiem un
daudz ko citu.» No otras puses Dievs pavēl mums nedarīt to, kas
ved pie nāves, tas ir sargāt sevi no ienaida, laulības pārkāpšanas
un piedzeršanās.

Viņš tāpat pavēl mums paklausīt noteiktiem baušļiem,
piemēram «Svētīt Sabatu», «turēt savus solījumus» u.t.t. Dievs
tāpat aicina mūs «izvairies no visa veida ļaunuma», «atstāj savu
ienaidu» un tā tālāk.

Cilvēka pienākums ir tajā, lai bītos Dievu un pildītu Viņa
baušļus. Dievs prasīs no mums atskaiti par katru mūsu darbu
Tiesas Dienā, par visiem slepenajiem darbiem, vai tie būtu labi
vai slikti. Tāpēc, ja mēs dzīvojam kā dzīvnieki, nepildot
cilvēcisko pienākumu pilnībā, tad mēs dabiski nokļūsim ellē pēc
Dieva soda.

Jēzus piedzima kūtī, bija ielikts silē tādēļ, lai izpirktu ļaudis, kuri nav labāki par dzīvniekiem, un, lai kļūtu par patiesu garīgu barību viņiem.

Jēzus dzīvoja nabadzībā

Jāņa ev. 3:35, teikts: *«Tēvs mīl Dēlu un visu ir nodevis Viņa rokā.»* Vēstulē Kolosiešiem mēs lasām 1:16: *«Viņā radītas visas lietas debesīs un virs zemes, redzamās un neredzamās, gan troņi, gan kundzības, gan valdības, gan varas. Viss ir radīts caur Viņu un uz Viņu.»* Citiem vārdiem Jēzus ir Vienīgais Dieva Radītāja Dēls un Kungs pār visu Debesīs un uz zemes.

Kāpēc tad Viņš ieradās šajā pasaulē tik zemā un pieticīgā stāvoklī un nodzīvoja dzīvi nabadzībā, ja Viņš bija Visvarens Dievs un pēc visiem mēriem bija bagāts?

Lai izpirktu ļaudis no nabadzības

2 vēstulē Korintiešiem 8:9 teikts: *«Jo jūs zināt mūsu Kunga Jēzus Kristus žēlastību, ka Viņš bagāts būdams, ir tapis nabags jūsu dēļ, lai Viņa nabadzība kļūtu jums par bagātību.»* Tajā parādās piepildāmies apbrīnojama Dieva mīlestība. Jēzus, būdams ķēniņu Ķēniņš un kungu Kungs, Vienīgais Dieva Radītāja Dēls, atstāja visu Debesu godību, atnāca uz šo pasauli un dzīvoja nabadzībā, paciešot ļaužu nicinājumu un pazemojumus, lai izpirktu mūs no nabadzības.

Sākumā Dievs radīja cilvēku, lai tam nebūtu jāstrādā vaiga

sviedros, bet viņš varēja ņemt un ēst augļus, baudīt dzīvi un zelt.

Tomēr pēc tā, kad pirmais cilvēks, Ādams, nepaklausīja Dieva Vārdam un sagrēkoja, cilvēkam vajadzēja ēst savu barību, to iegūstot vaiga sviedros un mokās, smagā darbā. Tāpēc cilvēks bieži dzīvo trūkumā un nabadzībā.

Nabadzība, pati par sevi, – nav grēks, tāpēc Jēzus izlēja Savas Asinis ne tāpēc, lai izpirktu mūs no nabadzības. Tomēr nabadzība, tas arī ir lāsts, kas parādījās pēc Ādama nepaklausības Dievam, tāpēc Jēzus darīja mūs bagātus, dzīvojot nabadzībā.

Daži runā, ka Jēzus nabadzība visas Viņa dzīves laikā nozīmē garīgo nabadzību. Tomēr, tā ka Jēzus bija ieņemts no Svētā Gara un ir Viens ar Dievu Tēvu, būtu nepareizi domāt, ka Viņš bija garīgi nabags.

Vajadzētu saprast, ka Jēzus dzīvoja nabadzībā, lai izpirktu mūs no nabadzības, lai mums varētu būt dzīve pārpilnībā, atdodot paredzēto Dievam par Viņa mīlestību un svētību.

Daži uzskata, ka nav pareizi lūgšanā prasīt naudu. Citi domā, ka, ja jūs esat kristietis, jums vajag dzīvot nabadzībā. Tomēr Dievs absolūti to nevēlas.

Bībelē rakstīts daudz par svētībām. Piemēram, 5. Mozus grām. 28:2-6, jūs varat lasīt:

«Un pār tevi nāks visas šīs svētības, un tās tevī piepildīsies, ja tu būsi klausījis Tā Kunga, sava Dieva balsij: «svētīts tu būsi savā pilsētā, un svētīts tu būsi uz lauka. Svētīts būs tavas miesas auglis, un svētīts būs tavas zemes auglis, svētīts būs tavu lopu auglis, tavu liellopu un tavu sīklopu pieaugums. Svētīts būs tavs

grozs, un svētīta būs tava abra. Svētīts tu būsi ieiedams,
un svētīts tu būsi iziedams.»

3. Jāņa vēst. 1:2 aicina mūs: *«Mīļais, es tev novēlu visās*
lietās tādu labklājību un veselību, kāda jau ir tavai dvēselei.»
Īstenībā Dieva izredzētie ļaudis, tādi kā Ābrahāms, Īzaks, Jēkabs,
Jāzeps un Daniēls bija ļoti veiksmīgi ļaudis.

Dzīvot bagātu dzīvi

Dievs taisnīgi dod jums pļaut to, ko jūs esat sējuši. Kā vecāki
vēlas dot saviem bērniem tikai pašu labāko, tā arī jūsu mīlošais
Dievs grib dot jums visu par ko lūdzat ar ticību (Marka ev. 11 –
24).

Dievs vēlas atbildēt uz lūgšanām un svētīt jūs, taču jūs
nevarēsiet neko saņemt, ja neprasiet vai prasiet šauboties. Tāpat,
ja jūs pūlaties kaut ko pļaut, nesējot, tad jūs smejaties par Dievu
un ejat pret garīgo likumu.

Kāds varētu teikt: «Es gribētu sēt, bet nevaru, jo es esmu ļoti
nabadzīgs.» Tomēr Bībele piemin daudz ļaužu, kuri neskatoties
uz nabadzību, darīja visu, kas bija viņu spēkos, lai sētu, un kā
balvu saņēma bagātīgas svētības.

1. Ķēniņu grām. 17:14 mēs uzzinām, ka uz zemes trīs ar pusi
gadus bija bads. Taču, neskatoties uz ēdamā trūkumu, atraitne
Sareptā, Sidomā no miltu saujas tīnē un atlikušās eļļas krūzē – tas
bija viss, kas viņai bija, izcepa mazu plāceni pravietim Elijam.
Atraitne izdarīja Dievam patīkamu darbu palīdzot Viņa kalpam,
ka Viņš bagātīgi svētīja viņu: milti tīnē neizsīka, un eļļa krūzē

nepietrūka līdz tai dienai, kad Kungs deva lietu zemei (1. Ķēniņa 17-14).

Vienreiz, Jēzus klātbūtnē nabadzīga atraitne ielika tempļa ziedojumu traukā divas leptas – divas ļoti sīkas monētas, mazāk par vienu centu. Tomēr Jēzus uzslavēja viņu sakot, ka viņa ielikusi vairāk par visiem, tāpēc ka visi ziedoja no savas pārpilnības, tikai daļu no tā, kas viņiem bija, bet viņa no sava trūcīguma ielika visu, kas viņai bija (Marka ev. 12:42-44).

Pats svarīgākais – lai būtu iekšēja gatavība atdot Dievam visu. Dievs neskatās uz ziedotā daudzumu: viņš vērtē ziedojumu, kā mīlestības izpausmi un bagātīgi svētī mūs.

Šaustīšana un Viņa asiņu izliešana

Pirms Jēzus krustā piesišanas romiešu karavīri izsmēja Viņu, ar nicināšanu sita Viņu pa seju, spļāva uz Viņu, šaustīja Viņu ar pletnēm. Pletne bija garas, šauras ādas siksnas ar svina gabaliņiem iekšpusē.

Tajās dienās romiešu armija bija pati nežēlīgākā, disciplinētākā un varenākā pasaulē. Cik stipri Jēzus cieta no sāpēm, kad viņi, norāvuši no viņa drēbes, šaustīja Viņu? Ar katru pletnes sitienu pa Viņa ķermeni, tika pārplēsta miesa, atkailinājās kauli un bija asinis.

Lai piepildītos Jesajas grām. 50:6 pravietojums: «*Savu muguru es pagriezu tiem, kas mani sita, un savu vaigu tiem, kas raustīja un plēsa manu bārdu. Savu vaigu es neapslēpu paļām un spļāvieniem.*» Jēzus pat nepūlējās izvairīties no sitieniem.

Lai dziedinātu vainas un slimības

Kādēļ Jēzus pieņēma šaustīšanu un izlēja Savas asinis? Kāpēc Dievs pieļāva, lai kaut kas tāds notiktu ar Viņa Dēlu? Jesaja savā grāmatā 53. nodaļā izskaidro Jēzus ciešanu un sāpju iemeslu:

«Viņš bija ievainots mūsu pārkāpumu dēļ un mūsu grēku dēļ satriekts. Mūsu sods bija uzlikts viņam mums par atpestīšanu, ar Viņa brūcēm mēs esam dziedināti. Mēs visi maldījāmies kā avis, ikviens raudzījās tikai uz savu ceļu, bet Tas Kungs uzkrāva visus mūsu grēkus viņam» (5.-6. pants).

Jēzus bija piesists krustā un mocīts par mūsu grēkiem un nepaklausību. Viņu tiesāja, šaustīja un Viņš izlēja Savas asinis, lai dotu jums mieru un atbrīvotu jūs no visām slimībām.

Mateja Evaņģēlija 9. nodaļā, kad Jēzus izdziedināja triekas ķerto, kurš gulēja gultā, Viņš sākumā atrisināja grēka problēmu sakot tam: *«tavi grēki tev piedoti.»* Tikai pēc tā Jēzus viņam pavēlēja: *«Celies, ņem savu gultu un ej uz mājām.»*

Pēc tam, kad Jēzus izdziedināja cilvēku, kurš bija slimojis vairāk kā trīsdesmit astoņus gadus, Viņš teica tam: *«Redzi, tu esi vesels kļuvis; negrēko vairs, lai tev nenotiek kas ļaunāks»* (Jāņa ev. 5:14).

Bībele saka, ka visu kaišu iemesls ir mūsu grēki. Lai atbrīvotos no slimībām, mums vajadzīgs tas, kurš var atrisināt mūsu grēku problēmu. Bez asins izliešanas, tomēr nevar būt piedošanas (3. Mozus grām. 17:11).

Tāpēc Vecās Derības laikos, kad kāds izdarīja grēku, garīdznieks, kā izpirkšanas upuri nogalināja dzīvnieku. Mums, vairāk nav vajadzīgs upurēt dzīvniekus, tāpēc ka Jēzus atnāca uz šo pasauli un izlēja Savas bezgrēcīgās, nevainīgās asinis, kurās ietverts īpašs spēks. Svētās Jēzus asinis izpirka cilvēci no visiem tās pagātnes, pašreizējiem un pat nākotnes grēkiem.

Uzņēma uz Sevis mūsu vājības un nesa mūsu sērgas

Mateja Evaņģēlijs 8:17 saka: «*ka piepildītos Jesajas vārdi, kas saka: Viņš uzņēmās mūsu vājības un nesa mūsu sērgas.*» Ja jūs zināt, kāpēc Jēzu šaustīja un, kāpēc Viņš izlēja savas asinis, ja jūs tam ticat, jums nevajadzēs ciest no vājībām un slimībām.

1. Pētera vēstule 2:24 saka: «*Viņš uznesa mūsu grēkus Savā miesā pie staba, lai mēs, grēkiem miruši, dzīvotu taisnībai; ar Viņa brūcēm jūs esat dziedināti.*» Šajā pantā tiek lietots laiks pagātnē, tāpēc ka Jēzus jau izpircis ļaudis no visiem grēkiem.

Taču, kāpēc tad neskatoties uz mūsu apgalvojumiem, ka ticam tam, ka Jēzus nesa visas mūsu vājības un slimības, daži no mums vēl joprojām cieš no tām?

Dievs saka 2. Mozus 15:26: «*Ja jūs klausīdamies klausīsit Tā Kunga, sava Dieva balsij un darīsiet, kas taisns Viņa acīs, un ievērosit Viņa baušļus, un turēsiet Viņa Likumus, tad Es pār jums nelikšu nākt tām slimībām, kādām Es esmu licis nākt pār ēģiptiešiem, jo Es esmu Tas Kungs, jūsu Ārsts.*» Tas nozīmē, ka ja jūs darāt to, kas pareizs Dieva acīs, nekāda slimība jūs neskars, tāpēc ka Dieva aizsargās jūs ar savu liesmojošo skatienu.

Ņemsim piemēru: kad bērns, atnāk mājās raudādams, pēc tam, kad viņu sasitis kaimiņu puika, viņa vecāku reakcija un attieksme būs atkarīga no viņu ticības. Viens vecāks teiks: «Kāpēc tevi vienmēr sit? Ja tev iesit vienreiz, sit atpakaļ; iesit divas, trīs reizes.» Cits iespējams ies pie kaimiņiem un pažēlosies par viņu bērnu. Bet ir arī tādi, kuri nedarīs ne pirmo, ne otro, taču dvēselē būs stipri nokaitināti un sašutuši.

Taču Dievs liek mums uzvarēt ļaunu ar labu, mīlēt savus ienaidniekus, meklēt mieru ar tiem: *«Bet Es jums saku: jums nebūs pretim stāvēt ļaunajam; bet, kas tev sit labajā vaigā, tam pagriez arī otru»* (Mateja 5:39).

Sekojoši, ja jūs darāt to, kas pareizi Viņa acīs, jums nav grūti pildīt Dieva baušļus un likumus. Kad jūs nepārtraukti lūdzaties, esat centīgi visā, uz jums nonāks Dieva labvēlība un spēks, un jūs viegli varēsiet ar visu tikt galā ar Svētā Gara palīdzību.

Ja jūs atstājiet grēku un darīsiet to, kas pareizs Dieva acīs, slimības jūs neskars. Bet, ja arī tās būs, Dievs Dziedinātājs piedos jūsu grēkus un pilnībā jūs dziedinās, ja jūs papūlēsieties atrast sevī to, kas ir jūsos nepareizs no Dieva skatu punkta, un nožēlosiet to no visas savas sirds.

Taču, ja jūs atzīstat balsī, ka Dievs – Visvarens, bet vienlaicīgi paļaujaties uz pasauli, un saskārušies ar problēmām vai slimību, vispirms griežaties ārstniecības iestādē, tad tas tikai pierāda, ka jūs pa īstam neticat Dieva Visvarenībai. Bet tas nepatīk Viņam (2. Laiku 16).

Ērkšķu vainags uz galvas

Vainags un mantija, īstenībā, tā ir daļa no ķēniņa apģērba. Lai arī Jēzus bija Vienīgais un Vienpiedzimušais Dieva Dēls, ķēniņu Ķēniņš un kungu Kungs, uz Viņa galvas uzlika vainagu no gariem, asiem ērkšķiem, brīnišķīga zelta, sudraba un dārgakmeņu kroņa vietā.

«Tad zemes pārvaldnieka karavīri ņēma Jēzu, veda to pārvaldnieka pilī un sasauca ap Viņu visu pulku. Un tie novilka Viņa drēbes un apvilka Viņam pumpura apmetni. Tie nopina ērkšķu vainagu un lika to Viņam galvā, un deva Viņam niedri labajā rokā, un locīja ceļus viņa priekšā, Viņu apsmiedami, un sacīja: «Sveiks, Jūdu ķēniņ!» Un tie spļāva Viņam virsū, ņēma niedri un sita Viņam pa galvu» (Mateja 27: 27-30).

Romiešu karavīri sapina ērkšķus tā, lai vainags būtu par mazu Jēzus galvai, un stingri uzspieda to Viņam galvā. Ērkšķi iedūrās Viņa pierē un galvā, un asinis tecēja pa Viņa seju. Kāpēc Visvarenais Dievs pieļāva, lai uz Viņa Vienīgā un Vienpiedzimušā Dēla uzliktu ērkšķu vainagu, lai Viņš ciestu no mokošām sāpēm un izlietu savas asinis.

Pirmkārt, Jēzum uzlika ērkšķu vainagu, lai izpirktu grēkus, ko mēs esam darījuši domās.

Kad Dieva radītais cilvēks bija sadraudzībā ar Viņu un klausīja Viņa Vārdu, viņš negrēkoja, tāpēc, ka viņa nodomi saskanēja ar Dieva gribu.

Tomēr čūska kārdinot viņu, iedvesa viņam domas, kas nāca no sātana un drīzumā notika krišana grēkā. Agrāk pirmajam cilvēkam pat domas nebija ēst no laba un ļauna atzīšanas koka. Pakļaujoties kārdinājumam, viņš ēda augli, tāpēc, ka tas viņam likās derīgs ēšanai, patīkams acīm un tāpēc iekārojams, jo apēdot to varēja iegūt gudrību.

Tāpat, kā sātans paskubināja Ādamu un Ievu nepaklausīt Dievam, šodien viņš tāpat vedina ļaudis grēkot domās.

Cilvēka smadzenēs ir šūnas, kas atbild par atmiņu. No pašas dzimšanas viss, ko cilvēks redz, dzird un uzzina kopā ar viņa attieksmi pret konkrētiem notikumiem, ļaudīm un faktiem, saglabājas viņa atmiņā. Tas saucas «zināšanas.» To, ko mēs saucam «domas», ir mūsu uzkrāto zināšanu apstrāde caur jūsu dvēseli.

Ļaudis tiek uzaudzināti dažādās vidēs. Viņi redz, dzird un daudz uzzina, tāpēc atmiņā uzkrājas dažāda informācija. Pie viena un tā paša apbrīnotā, dzirdētā un apgūtā laužu attieksme būs nevienāda, un tas atkarīgs no viņu sajūtām tajā vai citā momentā. Tāpēc neizbēgami, ka ļaudīm formulējas dažādas vērtības.

Dieva Vārds bieži nesaskan ar mūsu zināšanām un teorijām. Piemēram, jūs varat uzskatīt, ka, lai paaugstinātos pats, jums nepieciešams pieņemt attiecīgus mērus, lai svinētu uzvaru pār apkārtējiem. Tomēr Dievs māca mūs, kas pazemojies pats, tas tiks paaugstināts (Mateja 23:12).

Vairums uzskata, ka neieredzēt ienaidnieku – tas ir dabiski, bet Dievs saka mums: «Mīliet savus ienaidniekus» un «Ja tavs ienaidnieks izsalcis, paēdini to, ja izslāpis, padzirdini to.»

Dieva domas – garīgas, cilvēku – miesīgas. Sātans dod miesīgas domas, kārdinot attālināties no Dieva, traucējot iegūt patiesu ticību un uzspiežot staigāt pasaulīgus ceļus, kas galu galā novedīs pie grēka un mūžīgās nāves.

Mateja Evaņģēlijā 16:21 un nākošajos pantos Jēzus saka, ka Viņam vajadzēs ciest un tikt nogalinātam un trešajā dienā augšāmcelties. Dzirdot to Pēteris paaicinājis Viņu sānis sāka brīdināt, Viņam sakot: *«Lai Dievs pasargā, Kungs! ka tev tas nenotiek!»* (22. pants). Tomēr Jēzus vērsās pie Pētera un ar niknumu teica tam: *«Atkāpies no manis, sātan, tu man esi par apgrēcību. Jo tu nedomā, kas Dievam, bet kas cilvēkam patīk»* (23. pants). Kad Jēzus teica: «Atkāpies no manis, sātan!» Viņš neuzskatīja, ka Pēteris būtu sātans, bet, ka sātans tajā momentā darbojās caur Pēteri, pretojoties Dieva nodomam.

Pēc Dieva gribas Jēzum vajadzēja pieņemt krusta mocības, cilvēces glābšanas vārdā, taču Pēteris mēģināja pretoties tam ar saviem miesiskajiem spriedumiem.

Apustulis Pāvils 2. Vēstulē Korintiešiem 10:3-6 raksta sekojošo:

«Mēs dzīvojam gan pasaulē, bet necīnāmies pasaulīgi. Jo mūsu cīņas ieroči nav miesīgi, bet spēcīgi Dieva priekšā cietokšņu noārdīšanai. Mēs apgāžam prātojumus un visas augstprātīgās iedomas, kas paceļas pret Dieva atziņu, un uzvaram visus prātus, lai tie ir Kristum paklausīgi. Un esam gatavi nosodīt visu nepaklausību, kad jūsu paklausība būs tapusi pilnīga.»

Jums vajag atbrīvoties no pastāvošiem pieņēmumiem un spriedumiem, kas ir pretrunā Debesu Valstībai. Pārvariet visādas iegribas, pakļaujiet tās Kristum, lai dzīvotu saskaņā ar patiesību, un tad jūs kļūsiet par gara cilvēku.

Jums vajag pat nepieļaut domas par to, lai atjaunotu savu godu, dot atbildes sitienu divreiz stiprāku pāri darītājam, tāpēc ka tās ir miesīgas domas, kas ir pretrunā patiesībai. Tādā veidā jums vajag atbrīvoties no visām šīm grēcīgajām domām. Lai pilnībā atrisinātu grēka problēmu, jums vajag vispirms atteikties no miesas iegribām, acu kāres un dzīves lepnības. Tieši tādas nepareizas domas arī izmanto sātans.

Miesas iegribas, tas ir apziņā radušās domas, uzradušās vēlmes, kas ir pretējas Dieva gribai. Vēstulē Galatiešiem 5:19-21, tās ir pārskaitītas:

«Bet zināmi ir miesas darbi: tie ir netiklība, nešķīstība, izlaidība, elku kalpība, burvība, ienaids, strīdi, nenovīdība, dusmas, ķildas, šķelšanās, nesaticība, skaudība, dzeršana, dzīrošana un tamlīdzīgas lietas par kurām es iepriekš saku: tie, kas tādas lietas dara, nemantos Dieva valstību.»

Pati vēlēšanās izdarīt to, ko Dievs aizliedz darīt, ir miesas kāre. Acu kāre nozīmē, ka cilvēka prāts atrodas stiprā redzētā un dzirdētā ietekmē, grūž viņu uz to, ka cilvēks sāk meklēt, kā savu iegribu piepildīt. Kad cilvēks mīl pasauli, meklē apmierināt acu kāri, tad tikai šīs vēlmes viņam liekas pašas svarīgākās, un nekas cits nevar dot viņam apmierinājumu.

Lielīgais prāts parādās cilvēkā, kad to vada pasaules izpriecas, kas mudina to meklēt aizvien jaunu apmierinājumu acu kārei. To sauc par dzīves lepnību.

Lai izpirktu mūs no visāda veida netikumības, likumu pārkāpšanas un ļaunuma, Jēzus galvā uzlika ērkšķu vainagu, un Viņš izlēja savas asinis. Jo tikai grēka neaptraipītās, nevainīgās Jēzus asinis varēja izpirkt mūs no mūsu grēkiem. Ērkšķu vainags un Viņa izlietās asinis kļuva mums par attaisnošanu no grēkiem, ko mēs esam veikuši domās.

Otrkārt, Jēzus uzlika ērkšķu vainagu, lai ļaudis varētu nest labākus vainagus Debesīs.

Vēl cits iemesls tam, ka Viņš uzlika ērkšķu vainagu – lai dotu mums iespēju iegūt labākus vainagus. Atpērkot mūs no nabadzības un bagātinot mūs ar to, ka pats Viņš dzīvoja nabadzīgu dzīvi, Jēzus uzlika ērkšķu vainagu tāpēc, lai mēs iegūtu labākus debesu vainagus.

Debesīs sagatavoti neskaitāmi vainagi Dieva bērniem. Sacensību uzvarētājus apbalvo ar zelta, sudraba vai bronzas medaļām – tas atkarīgs no to sportiskajiem sasniegumiem. Līdzīgi tam arī Debesīs ir dažādas balvas.

Eksistē neiznīcīgais vainags, kā teikts 1. Vēstulē Korintiešiem 9:25: *«Kas piedalās sacīkstēs, tas ir visādi atturīgs, – viņš tāpēc, lai dabūtu iznīcīgu vainagu, bet mēs neiznīcīgu.»* Neiznīcīgu vainagu Dievs sagatavojis Saviem bērniem, kas pieliek pūles, lai uzvarētu savus grēkus. Slavas vainags sagatavots tiem, kas atmet grēkus un dzīvo pēc Dieva Vārda, pagodinot Viņu (1. Pētera vest. 5:4). Dzīvības vainags tāpat sagatavots tiem, kas stipri mīl Dievu, ir Viņam uzticīgi līdz nāvei un atstājuši visa veida ļaunumu kļūs svēti (Jēkaba vest. 1:12; Atklāsmes grām. 2:10).

Taisnības vainags būs dots ļaudīm, kuri līdzīgi apustulim Pāvilam, kļūst svēti, atmetot visus savus grēkus un pilnībā piepildot savu misiju, kura viņiem dota pēc Dieva prāta (2. vēst. Timotejam 4:8).

Tāpat Atklāsmes grām. 4:4 rakstīts: *«Ap goda krēslu divdesmit četri krēsli, krēslos sēdēja divdesmit četri vecaji, apģērbti baltās drēbēs, viņiem galvās zelta vainagi.»* Zelta vainags sagatavots tiem, kuri sasnieguši vecaju līmeni un palīdzēs Dievam Jaunajā Jeruzālemē.

Šeit vārds «vecaji» nenozīmē ļaudis, kuri tā saucās baznīcās, bet vārds raksturo tos, kurus Dievs aicinājis par vecajiem, par svētumu un uzticību, visa Dieva namā, un kuriem ir nešaubīga, zelta ticība.

Dievs dod dažādus vainagus Saviem Bērniem, atkarībā no tā, kādā mērā tie ir atmetuši grēkus un izpildījuši tiem Dieva doto misiju. Dieva bērni būs paaugstināti Debesīs un saņems labākos vainagus, ja necentīsies apmierināt savas grēcīgās dabas iekāres, bet tā vietā sāks rīkoties atbilstoši Dieva Vārdam (Vēst. Romiešiem 13:13-14), dzīvos Garā (Vēst. Galatiešiem 5:16) un pazemīgi pildīs savu pienākumu un misiju!

Jēzus izpirka mūs no visiem mūsu grēkiem, ko esam darījuši domās, nesa ērkšķu vainagu un izlēja asinis. Cik gan pateicīgiem mums vajadzētu būt par to, ka Viņš gatavo mums labākus vainagus Debesīs, lai atalgotu mūs pēc mūsu ticības mēra un pēc tā, kā mēs pildām savu misiju.

Tāpēc jums vajag apzināties, cik pagodinoši kļūt par cienīgiem saņemt šos vainagus. Bet, ja tā, tad jums pienākas iegūt mūsu Kunga sirdi, atstājot visa veida ļaunumu, labi pildīt savu uzdevumu un būt uzticamiem visā Dieva namā. Es ceru, ka jūs saņemsiet pašus labākos vainagus Debesīs.

Jēzus apģērbs un viņa hitons

Jēzus ar ērkšķu vainagu galvā, no nežēlīgās šaustīšanas asinīm notecējušu ķermeni, Viņš uzkāpa Golgātā – krustā sišanas vietā. Romas karavīri, kuri piesita Jēzu krustā, ņēma Viņa drēbes un sadalīja tās četrās daļās, tieši katram pa vienai. Svārkus viņi plēst nesāka, bet meta par tiem kauliņus.

«Bet kareivji, piesituši Jēzu pie krusta, ņēma viņa drēbes un sadalīja tās četrās daļās, katram kareivim pa daļai. Tāpat tie paņēma viņa svārkus. Bet svārki nebija šūti, bet izausti viscaur no viena gabala. Tad tie sacīja cits citam: To nesadalīsim, bet metīsim par tiem kauliņus, kam tie piederēs. Tā piepildījās raksti: Tie manas drēbes izdalījuši savā starpā un par manu apģērbu metuši kauliņus» (Jāņa ev. 19:23-24).

Kāpēc Dieva Vārds tik sīki apraksta detaļas, kas attiecas uz Jēzus apģērbu un svārkiem? Šī notikuma garīgajā nozīmē var izsekot līdzību ar Izraēla vēstures periodu pēc 70 gadiem no Kristus dzimšanas.

No Viņa norāva drēbes un Viņu piesita krustā

Kā vēsta Mateja ev. 2:22-26, pēc izraēliešu, kuri nebija atzinuši Jēzu kā Mesiju prasības, Poncijs Pilāts nodeva Jēzu sišanai krustā pēc tā, kad Viņu apsmēja, pazemoja un visādā veidā parādīja Viņam nicināšanu.

Pārcietis pazemojumus, apsmieklu un nicinājumu, vainagots ar ērkšķu vainagu, Viņš nesa krustu uz Golgātu un tur bija piesists krustā. Pilāts pavēlēja karavīriem pielikt Viņam virs galvas uzrakstu: *«Šis ir Jēzus, Jūdu ķēniņš»* (Mateja 27:37). Uzraksts bija ebreju, latīņu un grieķu valodās. Ebreju valoda bija tradicionāla jūdu, Dieva izredzētās tautas valoda. Latīņu bija oficiālā Romas impērijas valoda, tā bija tā laika pati varenākā lielvalsts, bet grieķu valoda dominēja, kā pasaules kultūras valoda. Tādā veidā uzraksts, izdarīts šajās trīs valodās simbolizē, ka visa pasaule atzina Jēzu, kā patieso Jūdu ķēniņu un ķēniņu Ķēniņu.

Jāņa ev. 19:21-22 vēsta, ka daudzi jūdi protestēja un prasīja Pilātam nerakstīt «Jūdu Ķēniņš», bet rakstīt: «Viņš teica: Es Jūdu Ķēniņš.» Tomēr Pilāts atbildēja: «Ko esmu rakstījis, to esmu rakstījis», un atstāja uzrakstu bez izmaiņām. Tas nozīmē, ka pat Pilāts atzina Jēzu par jūdu Ķēniņu.

Bet tāpēc, ka Pilāts atzina Jēzu kā Jūdu Ķēniņu, tas nozīmē arī kā Vienīgo Dieva Dēlu, ķēniņu Ķēniņu un kungu Kungu. Un tomēr, pūļa acu priekšā no Viņa norāva drēbes un svārkus un piesita pie krusta. Ja jūs saprotat tā visa garīgo nozīmi, tad nevarat būt nepateicīgs.

Jēzus drēbju sadalīšana četrās daļās

Romas kareivji atkailināja Jēzu un piesita Viņu krustā. Viņi paņēma Viņa drēbes un sadalīja tās četrās daļās, bet par Viņa svārkiem meta kauliņus. Veselais saprāts saka, ka Viņa drēbes nevarēja būt skaistas vai dārgas. Tad kāpēc tās vajadzēja kareivjiem dalīt četrās daļās? Vai viņi zināja, paredzēja to, ka Jēzus būs godāts kā Mesija un gribēja paņemt vismaz kādu priekšmetu, kas Viņam piederējis, lai vēlāk to nodotu pēctečiem kā dārgu ģimenes relikviju? Nepavisam nē. Psalms 22:19 satur pravietojumu: *«Viņi dala manas drēbes savā starpā un par manu apģērbu viņi met kauliņus.»* Dievs pieļāva romas kareivjiem tā rīkoties, lai piepildītu šo pantu (Jāņa 19:24).

Kāda garīga nozīme ir Jēzus drēbēm? Kāpēc viņi sadalīja tās četrās daļās, katram pa vienai? Kāpēc nesadalīja svārkus? Kāpēc Dievs pieļāva, lai šis notikums būtu pierakstīts?

Tā kā Jēzus – Jūdu Ķēniņš, Jēzus apģērbs simbolizē Izraēlu vai ebreju tautu. Pēc tā, kā romas karavīri sadalīja apģērbu četrās daļās, tā zaudēja formu. Tas simbolizē Izraēlas, kā valsts iznīcināšanu. Tas tāpat nozīmē, ka pats nosaukuma «Izraēls» paliks, kā paliek sadalīti atsevišķi apģērba gabali. Un vēl, vārdi, kas rakstīti par Viņa apģērbu, pravieto par to, ka ebreju tauta būs izkaisīta pa pasauli un rezultātā tā būs iznīcināta kā valsts. Izraēla vēsture liecina par šī pravietojuma piepildīšanos.

Četrdesmit gadus pēc Jēzus krusta nāves romas valdnieks Tits iznīcināja Jeruzālemi. Dieva templis bija pilnībā sagrauts; akmens uz akmens uz tā nepalika. No tā laika, kā Izraēla valsts pārstāja eksistēt, ebreji bija izklīdināti pa visu pasauli, tos izsekoja un iznīcināja. Tas izskaidro, kāpēc ebreji ir izkaisīti pa visu pasauli līdz pat šai dienai. Mateja ev. 27:23 apraksta briesmīgu skatu, kurā Pilāts jautā nelietīgajam pūlim, ko ļaunu Jēzus darījis? Taču viņi vēl skaļāk kliedza: «Sit viņu krustā.» Šajā momentā Pilāts ņēma ūdeni, lai parādītu, ka viņš nenes atbildību par nevainīgā Jēzus nāvi sakot: *«Es esmu nevainīgs pie šī taisnā asinīm. Raugait jūs paši!»* Tad pūlis atbildēja, ka: *«Viņa asinis, lai nāk par mums un mūsu bērniem»* (24-25 p.).

Vajag atzīt, ka Izraēla vēsture skaidri parāda, ka daudzi ebreji un to pēcnācēji izlēja asinis, tā piepildot to prasību, kuru viņi izteica Poncijam Pilātam. Pēc četriem gadu desmitiem pēc Jēzus nāves bija iznīcināti 1,1 miljons ebreju. Vēl vairāk Otrā pasaules kara laikā nacistiskā Vācija iznīcināja vairāk kā sešus miljonus ebreju. Filma «Šindlera saraksts» satur traģiskus skatus, kuros rādīts, kā nogalina izģērbtus ebrejus: vīriešus, sievietes, večus un bērnus. Pat noziedzniekiem pirms nāves soda uzģērbj tīru apģērbu, bet ebrejus pirms nogalināšanas izģērba kailus.

Ebreju tauta neatzina Jēzu kā Mesiju, no Viņa norāva visas drēbes un sita Viņu krustā. Viņi sauca: «Viņa asinis, lai nāk pār mums un mūsu bērniem», un šausmīgas ciešanas nāca pār Izraēla tautu uz daudziem gadsimtiem.

Jēzus «nešūtie» svārki

Jāņa ev. 19:23 tā rakstīts par Jēzus svārkiem: *«svārki nebija šūti, bet izausti viscaur no viena gabala.»* Šeit «nebija šūti» nozīmē, ka svārki sastāvēja ne no atsevišķām kopā sašūtām detaļām. Lielākajai ļaužu daļai maz interesē, kā sašūts viņu apģērbs, vai tas ir savienots no augšas līdz apakšai vai no apakšas līdz augšai. Kāpēc Bībele sīki apraksta Jēzus svārkus? Bībele saka mums, ka visas cilvēces pirmtēvs – Ādams, ticības pirmtēvs Ābrahāms un Izraēla pirmtēvs – Jēkabs. Dievs māca, ka Izraēla pirmtēvs ir nevis Ābrahāms, bet Jēkabs, tāpēc ka divpadsmit Jēkaba dēli kļuva par divpadsmit Izraēla cilšu ciltstēviem. Izraēla valsts dibinātājs bija Jēkabs, lai arī ticības pirmtēvs ir Ābrahāms.

Dievs svētīja Jēkabu 1. Mozus grām. 35:10-11 tā:

> *Tavs vārds ir Jēkabs, bet turpmāk tavs vārds nebūs Jēkabs, bet Izraēls būs tavs vārds. Un viņš to nosauca par Izraēlu. Un Dievs viņu pamācīja: «Es esmu visuspēcīgais Dievs, augļojies un vairojies. Tauta, jā, pat tautu kopa, lai ceļas no tevis, un ķēniņi nāks no taviem gurniem.»*

Saskaņā ar Dieva vārdu, šajos pantos divpadsmit Jēkaba dēli izveidojās kā Izraēla mugurkauls, un Izraēls bija vienota valsts, kamēr nesadalījās Roveāma valdīšanas laikā divās daļās. Izraēlā – ziemeļos un Jūdejā – dienvidos.

Vēlāk notika Izraēlas Ziemeļu valsts sajaukšanās ar pagāniem, bet Jūdeja palika vienota. Šodien Jūdejas tautu sauc par ebrejiem. Tas fakts, ka Jēzus svārki nebija «sašūti» no augšas līdz apakšai nozīmē, ka Izraēla valsts, kā Jēkaba pēcnācēji līdz šai dienai saglabājuši vienotību un identitāti.

Meta kauliņus par Jēzus svārkiem, lai tos nesaplēstu

Šeit svārki simbolizē tautas sirdi. Jēzus – Izraēla ķēniņš, tāpēc Viņa svārki simbolizē ebreju tautas sirdi. Izraēlieši, kā Dieva tauta, izredzēti caur viņu pirmtēva Ābrahāma ticību, visvairāk par citiem zemojušies patiesajam Dievam. Tas, ka viņi nesadalīja svārkus, runā par to, ka Izraēla tautas gars, kas kalpo Dievam, labi saglabājies un nav sadalījies gabalos neskatoties uz to, ka valsts vai Izraēla valdība kādreiz tika iznīcināta.

Īstenībā, Bībelē pravietots par to, ka pagāni nevarēs iznīcināt izraēliešu garu, kas dziļi mīt viņu sirdīs. Citiem vārdiem, viņu siržu attieksme pret Dievu vienmēr bija nesatricināma, neskatoties uz to, ka Izraēla valsts bija pagānu iznīcināta. Tāpēc, ka tautas sirds bija pastāvīga, Dievs izvēlējās izraēliešus par Savu tautu, un lietoja tos, lai dibinātu Savu taisnības valsti.

Arī šodien izraēlieši cenšas ievērot Baušļus ar uzticīgu sirdi. Tas ir tāpēc, ka viņi ir Jēkaba pēcnācēji, kuram pašam bija uzticama sirds. Izraēlieši ieraudzījuši visu pasauli, atjaunoja neatkarību 1948. gada 14. maijā, pēc ilga savas valsts zaudēšanas perioda. Pēc tā viņi ātri veidojās, kā viena no pašām attīstītākajām un ietekmīgākajām valstīm un no jauna nodemonstrēja nacionālo garu un pārākumu.

Kā romas karavīri nevarēja sadalīt Jēzus svārkus, kuri bija bez vīlēm austi no augšas līdz apakšai, tā pagāni nevar sagraut izrāēliešu garu, kas pielūdz Dievu. Beigu beigās izrāēlieši, kā Jēkaba pēcnācēji nodibināja neatkarīgu valsti un piepildīja Dieva gribu, kā Viņa izredzētā tauta.

Izraēls laiku beigās, kas pareģoti Bībelē

Tā kā Dievs pareģojis Izraēla vēsturi caur rakstīto par apģērbu un Jēzus svārkiem, Viņš tāpat devis mums saprast par pēdējām pasaules dienām. Ecehiēla grām. 38:8-9 saka:

«Pēc ilgāka laika tu saņemsi pavēli; pašu pēdējo laiku beigās tu pārstaigāsi kādu zemi, kas atkopusies no kara, dodamies pie kādas tautas, kas no dažādu tautu zemēm savākta kopā Izraēla kalnos, kuri ilgu laiku tika postīti; tagad tā ir no dažādu tautu zemēm atvesta atpakaļ, un tie dzīvos drošībā. Tu tuvosies kā negaiss, kā vētras mākonis, kas pārklāj zemi, tu un visi tavi ļaužu pulki un daudzas tautas kopā ar tevi.»

Vārdi «Pēc daudz dienām» nozīmē laika periodu no Jēzus dzimšanas līdz Viņa Otrai atnākšanai, bet vārdi «pēdējie gadi» runā par gadiem, kas vēsta par tuvojošos Otro Jēzus atnākšanu. «Izraēla kalni» norāda uz Jeruzālemi, kas atrodas apmēram 760 metrus virs jūras līmeņa. Tādā veidā, vārdi par to, ka pēdējos gados daudz ļaužu sapulcēsies no daudzām tautām, paredz ka izrāēlieši atgriezīsies savā zemē no visas pasaules tad, kad tuvosies

Jēzus atgriešanās.

Šis paredzējums piepildījās, kad Izraēls bija Romas impērijas sagrauts 70 gadā, bet 1948. gadā atguva savu neatkarību. Izraēls bija pamestībā līdz tam laikam, kamēr neieguva neatkarību, bet pēc tā ātri auga un pārvērtās par vienu no visvairāk attīstītākajām valstīm pasaulē. Jaunā Derība tāpat pravieto Izraēla neatkarību. Mateja ev. 24:32-34 Jēzus saka sekojošo:

«Mācaities līdzību no vīģes koka. Kad viņa zaros jau pumpuri metas un lapas plaukst, tad jūs zināt, ka vasara ir tuvu klāt. Tā arīdzen jūs, kad jūs visu to redzat, tad ziniet, ka Viņš ir tuvu priekš durvīm. Patiesi es jums saku: šī cilts nezudīs, tiekams tas viss notiek.»

Tā ir Jēzus atbilde uz mācekļu jautājumu par Viņa Otrās atnākšanas beigu laika zīmi.

Vīģes koks šajos pantos norāda uz Izraēlu. Kad koku lapas nobirst un pūš auksts vējš, jūs zināt, ka tuvojas ziema. Līdzīgā veidā, kad vīģes koka zariņi kļūst maigi un parādās pirmās lapiņas, jūs zināt, ka vasara tuvu. Ar šo līdzību Jēzus skaidro, ka kad Izraēls atjaunosies pēc ilgas pamestības perioda, tas ir, kad izraēlieši iegūs neatkarību, Otrā Jēzus atnākšana būs ļoti tuvu.

Jums nav zināms, cik ilgi turpināsies «šī cilts» par kuru runā Jēzus šajā pantā, bet jūs precīzi ziniet, ka tas, ko viņš teicis, noteikti piepildīsies. Jūs jau esat kļuvuši liecinieki Izraēla neatkarības atgūšanai, tāpēc diezgan viegli izskaitļot, ka Otrā Jēzus atnākšana ir ļoti tuvu.

Šī beigu laikmeta zīmes

Mateja ev. 24 nodaļā mācekļi jautāja Viņam par beigu laika zīmēm, un Jēzus tiem izskaidroja. Tomēr Viņš neteica tiem precīzu stundu un dienu. *«Bet dienu un stundu neviens nezina, ne debesu eņģeļi, ne dēls, kā vien Tēvs»* (36 p.). Tas tikai nozīmē, ka Viņš kā Cilvēka Dēls, atnācis miesā uz šo pasauli, nezināja precīzu laiku un datumu. Tas nenozīmē, ka Jēzus, būdams viens no Trīsvienības Personām nezināja to pēc krustā piesišanas, augšāmcelšanās un pacelšanās Debesīs.

Runājot daudz par beigu laiku zīmēm Jēzus mūs brīdināja: *«Un tāpēc ka netaisnība ies vairumā, mīlestība daudzos izdzisīs. Bet kas pastāv līdz galam, tas tiks izglābts»* (12-13 p.). Šodien jūs varat skaidri sajust ka netikumi vairojas, bet mīlestība atdziest. Labsirdība – retums šodien. Jēzus teica Mateja ev. 24:14: *«Un šīs valstības evaņģēlijs tiks sludināts visa pasaulē, par liecību visām tautām un tad nāks gals.»* Evaņģēlijs jau bijis pasludināts visos zemes nostūros.

Vēl vairāk, mēs dzīvojam «globālā ciematā», kad katrs pasaules stūrītis ir sasniedzams vai nu ar transportu, vai komunikāciju līdzekļiem. Šis fenomens bija paredzēts Daniela grām. 12:4: *«Bet tu, Daniēl, paglabā labi slepenībā šais atklāsmēs sacīto un apzīmogo šo grāmatu līdz pēdējam beigu laikam; daudzi to tad izpētīs, un atziņas vairosies!»* Evaņģēlijs ātri izplatījās visā pasaulē šajā vidē.

Taisnība, ka pat, ja Evaņģēlijs arī būtu sludināts visa pasaulē, vienalga būs tādi, kas nepieņem Jēzus, tāpēc ka viņu sirdis ir aizvērtas. Vai varētu būt kādas attālas vietas, kur Evaņģēlija sēkla vēl nav iesēta.

Vecās Derības pravietojumi visi piepildījušies, tāpat kā lielākā daļa Jaunās Derības pravietojumi. Visi Raksti ir Svētā Gara iedvesmoti. Tāpēc Dieva Vārds ir patiess un nekļūdīgs. Ne mazākais burts vai rindiņa Viņa Vārdā nav izmaināma. Dievs piepildījis Savu vārdu un apsolījumus, un tikai maza daļa palikusi nepiepildīta, ieskaitot Otro mūsu Kunga Jēzus atnākšanu, Septiņus Lielo Bēdu gadus, Tūkstošgadu Valsti un Lielo Tiesu Baltā Troņa priekšā.

Viņa rokas un kājas caururba ar naglām

Krustā sišana bija viens no pašiem cietsirdīgākajiem nāves soda veidiem slepkavām un nodevējiem. Krustā sistā rokas izstiepa uz koka krusta. Viņa rokas un kājas piesita ar naglām pie krusta. Viņš ilgu laiku karājās, pirms pienāca nāve. Tādā veidā krustā piesistajam vajadzēja ciest no briesmīgām sāpēm līdz pēdējam elpas vilcienam.

Jēzus, Dieva Dēls, darīja šajā pasaulē tikai labu, bija tikumīgs un bez vainas. Tad kāpēc Jēzu pienagloja pie krusta, un Viņš izlēja Savas asinis?

Sāpes no roku un kāju caurduršanas

Jēzum piesprieda nāvi pie krusta un atveda uz nāves soda vietu Golgātā. Vienam romiešu karavīram rokās bija liela dzelzs nagla, cits turēja āmuru un pēc centuriona komandas viņi sāka pienaglot Viņa rokas un kājas. Pēc tam viņi pacēla krustu. Vai jūs pat varat iedomāties, kādas tās bija sāpes?

Nevainīgajam Jēzum vajadzēja ciest no sāpēm, kad milzīgās naglas plosīja Viņa miesu, un kad Viņa ķermenis nokarājās zem paša smaguma, un naglu caururbtā miesa plīsa.

Kad izpilda nāves sodu nocērtot galvu, sāpes norimst vienā mirklī. Turpretī nāve pie krusta bija tik mokoša, tāpēc ka cilvēks karājās, notekot asinīm līdz pagurumam, kamēr nepienāk nāve.

Un vēl, saulainā dienā tuksnesī bija daudz dažādu kukaiņu, kuri lidoja apkārt Viņa izmocītajam ķermenim, izsūcot asinis no roku un kāju rētām. Pie tam vēl, ļaunie ļaudis rādīja uz Viņu ar pirkstiem, nolādēja un apbēra apvainojumiem. Daži vienkārši ņirgājās par viņu, sakot: *«Viņš gribēja noplēst templi un to atkal uzcelt trijās dienās; palīdzi pats sev; ja tu esi Dieva Dēls; kāp no krusta zemē»* (Mateja 27:40).

Neizturamas sāpes pārņēma Jēzu krustā sišanas laikā. Tomēr Jēzus ļoti labi zināja, ka mirstot pie krusta par grēkiem un lāstu, kuru Viņš uzņēmās uz Sevis, Viņš izpērk ļaužu grēkus un pārvērš tos par Dieva bērniem. Viņa lielākā sāpe bija par citu. Bija vēl ļaudis, kuri nezināja Dieva gribu, vai nebija ieguvuši glābšanu dēļ savas samaitātības. Tas izraisīja Viņā vislielākās sāpes.

Grēki, kas darīti ar rokām un kājām

Kā tikai sirdī iezogas grēcīga doma, tā velk rokas un kājas, lai izdarītu grēku. Jo garīgais likums saka, ka grēka alga ir nāve, ja jūs grēkojat jums vajadzēs atrasties ellē un ciest tur mūžīgi.

Šī iemesla dēļ Jēzus teica: *«Un, ja tava kāja tevi apgrēcina, tad nocērt to: tev būs labāki, ka tu tizls noej dzīvībā, nekā kad tev ir divas kājas un tu topi mests ellē. Kur viņu tārps nemirst, un uguns neizdziest.* Un ja tava acs tevi apgrēcina, izrauj to; tev ir labāki ar vienu aci ieiet Dieva Valstībā, nekā kad tev ir divas acis un tu topi iemests ellē» (Marka 9:45-47).

Cik reižu kopš dzimšanas mēs esam darījuši grēkus ar savām rokām un kājām? Kāds naidā palaiž rokas. Kāds zog, bet kāds izšķiež visu savu īpašumu azartspēlēs. Ļaudis pārstāj vadīt savas kājas un iet kur nevajag, kur kājas nes. Tāpēc, ja jūsu kājas grūž jūs uz grēku, labāk nocirst tās un nokļūt Debesīs, nekā būt iemestam ellē ar abām kājām.

Bet cik grēku mēs esam veikuši ar savām acīm? Jūs pārņem alkatība un iekāre, kad jūs redzat to, ko jums nevajag skatīties. Tāpēc Jēzus teica, ka ja acs vilina tevi grēkot, tad labāk izraut to un iet uz Debesīm, nekā tikt iemestam ellē pēc to izdarītā pārkāpuma.

Vecās Derības laikos, ja cilvēks grēkoja ar acīm, to izdūra; ja grēku veica ar rokām vai kājām, tad tās nocirta; to kas bija izdarījis slepkavību vai laulības pārkāpšanu nomētāja akmeņiem līdz nāvei (2. Mozus 19:19-21).

Ja Jēzus nebūtu cietis pie krusta, tad arī šodien Dieva bērniem vajadzētu nocirst sev kājas un rokas, ja ar tām izdarīti grēki. Taču Jēzus pieņēma krustu, Viņa rokas un kājas caururba ar naglām, un Viņš izlēja Savas asinis. Ar to Viņš nomazgāja grēkus, ko darījušas mūsu rokas un kājas, un mums jau vairs nevajag ciest vai maksāt par saviem paša grēkiem. Cik liela Viņa mīlestība!

Atceraties, ka Viņš nomazgāja mūs no visāda grēka, ja mēs staigājam Gaismā, līdzīgi Viņam un, ja izsūdzam visus savus grēkus, vēršoties pie Viņa (1. Jāņa vēstule 1:7). Sekojoši, lai dzīvotu uzvarošu dzīvi ar pateicīgu un labsirdīgu sirdi, kas vienmēr vērsta uz Dievu, ļoti svarīgi piepildīt savu sirdi ar patiesību.

Jēzus lieli netika pārlauzti, bet viņa sānu caurdūra

Jēzus nomira piektdienā. Nākošā diena bija Sabats, kuru ebreji ievēroja, un viņi nevēlējās atstāt ķermeņus karājamies pie krusta viņiem svētā dienā.

Lasot Jāņa Evaņģēliju 19:31, mēs redzam, ka ebreji paprasīja Poncijam Pilātam satriekt nāves soda piespriestajiem lielus un noņemt tos no krusta.

Ar Poncija Pilāta atļauju karavīri pārsita kājas noziedzniekiem, kuri bija piesisti abās pusēs Jēzum, bet Jēzus lielus viņi nepārsita, tāpēc ka Viņš jau bija miris. Tajās dienās krustā piesistie skaitījās nolādēti, tāpēc karavīri tiem pārsita lielus. Secinoši, ir dievišķs pravietojums par to, ka viņi nesatrieca Jēzus lielus.

Kāpēc Jēzus lieli nebija satriekti?

Bezgrēcīgais Jēzus bija nolādēts un karājās pie krusta, lai izpirktu ļaudis no lāsta likuma. Sātans nevarēja satriekt Jēzus lielus ne tāpēc, ka Jēzus nomira ne par saviem grēkiem, bet tāpēc ka tāda bija Dieva griba.

Un vēl Dievs pasargāja Jēzu no tā, lai Viņa lieli nebūtu

salauzti, lai piepildītos vārdi, kas rakstīti Psalmos 34:21: *«Viņš pasargā visus viņa locekļus, neviens no tiem netiek samaitāts.»* 4. Mozus grām. 9:12, Dievs saka izraēliešiem nelauzt kaulus jēram, kad viņi to ēd. To pašu Viņš saka 2. Mozus grām. 12:46; izraēliešiem ēdot jēra gaļu, nelauzt tā kaulus.

«Jērs» attiecas uz Jēzu, nevainīgo un bezgrēcīgo, kas mīlot mūs pienesa sevi kā upuri, lai izpirktu visas cilvēces grēkus. Saskaņā ar Rakstiem, kur 2. Mozus grām. 12:46 teikts: «Vienā namā to ēdiet. No gaļas neko nenesiet ārā un nelauziet kaulus tam Pasā upurim», un neviens no Jēzus kauliem nebija salauzts.

Viņa sāns bija pārdurts ar šķēpu

Jāņa ev. 19:32-34 apraksta mūsu acīm briesmīgu skatu:

«Tad kareivji nāca un satrieca pirmajam lielus, tāpat otram, kas kopā ar viņu bija krustā sists. Bet nonākot līdz Jēzum un redzot, ka viņš ir jau miris, tie lielus nesatrieca. Bet viens no kareivjiem viņam iedūra sānos šķēpu, un tūdaļ iztecēja asinis un ūdens.»

Kaut arī kareivis bija jau sapratis, ka Jēzus miris, kāpēc viņš tomēr iedūra Jēzus sānā šķēpu izraisot tūlītēju asins un ūdens iztecēšanu? Tas ilustrē ļaužu samaitātību.

Esot Dievs, Jēzus nepieprasīja Savas kā Dieva tiesības, Viņš pazemoja Sevi, Viņš ieņēma pazemojošo kalpa stāvokli un parādījās cilvēka izskatā. Viņš paklausīgi samierinājās pat ar nāvi pie krusta, kas paredzēta laupītājiem. Ar to Jēzus atvēra mums glābšanas durvis (Vēst. Filipiešiem 2:6-8). Savas dzīves laikā šajā pasaulē Jēzus deva brīvību gūstekņiem, nabagos darīja bagātus, dziedināja slimos un vārgos. Viņam nepietika laika ēšanai vai miegam. Viņš atdeva spēkus sludinot Dieva Vārdu, lai izglābtu cik iespējams vairāk dvēseļu. Viņš kāpa kalnā, lai lūgtos, tad kad Viņa mācekļi gulēja. Daudzi ebreji ar nicinājumu padzina Viņu, kaut gan Viņš darīja tikai labu. Beigu beigās viņi piesita Viņu krustā aiz sava personīgā negodīguma. Un vēl, neskatoties uz to, ka romiešu kareivim bija zināms, ka Viņš miris, viņš caurdūra Viņa sānu ar šķēpu. Tas runā mums, ka ļaudis pavairoja savus grēkus.

Dievs parādīja mums Savu ārkārtīgo mīlestību, sūtot Savu Vienīgo Dēlu Jēzu Kristu, pieļaujot Viņam būt piesistam krustā, lai izpirktu mūs no grēkiem, neskatoties uz cilvēces samaitātību.

Asinis uz ūdens izlija no viņa sāna

Kā jau bija teikts, romiešu kareivis aiz sava ļaunuma pāršķēla ar šķēpu Jēzus sānu, neskatoties uz to, ka viņš jau bija sapratis, ka Jēzus nomiris. Kad kareivis pāršķēla Viņa sānu, no Jēzus miesas izlija asins un ūdens. Šai epizodei ir trīs nozīmes.

Pirmkārt, tā parāda, ka Jēzus atnācis miesā kā Cilvēka Dēls. Jāņa ev. 1:14 saka: «*Un vārds tapa miesa un mājoja mūsu vidū, un mēs skatījām viņa godību, tādu godību, kā Tēva Vienpiedzimušā Dēla, pilnu žēlastības un patiesības.*» Dievs atnāca uz šo pasauli miesā, un tas bija Jēzus.

Grēcinieki nevar redzēt Dievu, tāpēc ka tie mirs, Viņu

ieraugot. Tā kā Dievs nevar viņiem parādīties, pasaulē atnāca Jēzus miesā un parādīja daudzus pierādījumus, kas ved mūs pie tā, lai noticētu Dievam.

Bībele saka mums, ka Jēzus bija cilvēks tāpat kā mēs. Marka ev. 3:20 saka: *«Un viņš nāk mājās. Un ļaudis atkal sapulcējās, tā tiem nebija vaļas ne maizi ēst.»* Mateja ev. 8:24 saka: *«Un redzi, liela vētra sacēlās jūrā, tā ka viļņi laivai gāzās pāri, bet viņš gulēja.»*

Daži brīnās, kā varēja Jēzus Dieva Dēls, sajust izsalkumu vai sāpes. Tomēr tā kā Jēzus bija miesā, sastāvošā no kauliem un muskuļiem, viņam bija vajadzīga barība un miegs. Tāpat kā mēs, Viņš cieta no sāpēm.

Tas, ka no Viņa sāna izlija asinis un ūdens, kad Viņu caurdūra ar šķēpu, dod mums pārliecinošu pierādījumu tam, ka Jēzus atnāca uz šo pasauli miesā, kaut arī Viņš bija Dieva Dēls.

Otrkārt, tas ir vēl viens pierādījums tam, ka var būt dievišķās dabas līdzdalībnieks esot miesā. Dievs vēlas, lai Viņa bērni būtu svēti un pilnīgi, tāpat kā Viņš. Viņš saka: *«esiet svēti, jo Es esmu svēts»* (1. Pētera vēst. 1:16), un *«Tāpēc esiet pilnīgi, kā jūsu debesu Tēvs ir pilnīgs»* (Mateja 5:48). Viņš tāpat aicina mūs sakot: *«Ar to Viņš mums ir dāvinājis dārgus un visai lielus apsolījumus, lai jums ar tiem būtu daļa pie dievišķas dabas, jums, kas esat izbēguši no tā posta, kas kārību dēļ ir pasaulē»* (Pētera 2. vēst. 1:4) un *«Savā starpā turiet tādu pat prātu, kāds ir arī Kristū Jēzū»* (Vēst. Filipiešiem 2:5).

Jēzus atnāca uz pasauli miesā, kļuva kalps saskaņā ar Dievs gribu un pilnā mērā izpildīja Savu uzdevumu. Viņš tāpat piepildīja baušļus, pārvarēja pārbaudījumus un grūtības dzīvojot pēc Dieva Vārda.

Lai arī Viņš bija tāds pats cilvēks kā mēs, Viņš labprātīgi pieņēma visas sāpes, piepildot Dieva gribu ar pacietību un gudrību, pienesa Sevi kā upuri ar mīlestību un mira pie krusta, nepretojoties un nežēlojoties.

Kā gan mums kļūt par daļu no dievišķās esības ar Jēzus Kristus sirdi?

Lai kļūtu par daļu no dievišķās dabas un iegūtu tās jūtas, kā Jēzum, mums vajag savu grēcīgo dabu, kas sastāv no iekārēm un iegribām sist krustā, iegūt garīgo mīlestību un karsti lūgties.

No vienas puses miesīgā mīlestība – savtīga, un tā ar laiku atdziest. Ļaudis ar tādu mīlestību nodod cits citu vai mocās, kad nevar atrast saskaņu.

No otras puses Dievs vēlas, lai mēs iegūtu mīlestību, kura ir pacietīga, laipna un bez egoisma. Tāda garīga mīlestība nekad nemainās un dienu no dienas uzplaukst. Jūs varat attiekties pret visu tāpat kā Jēzus, par tik, par cik jūs esat apveltīti ar garīgo mīlestību, un par cik jūs dedzīgās lūgšanās iznīdējat sevī visa veida ļaunumu.

Līdzīgi tam katrs varēs saņemt Dieva svētību un spēku, ja meklē Viņa palīdzību gavējot un patiesi lūdzot. Dievs tāpat sadarbojas ar viņu tajā, lai atmestu visa veida ļaunumu. Jūs starosiet kā saule Debesu Valstībā, ja apgūsiet garīgo mīlestību, pienesīsiet deviņus Svētā Gara augļus (vēst. Galatiešiem 5) un pilnībā parādīsiet savā raksturā Svētības Likumus. (Mateja 5).

Treškārt, Jēzus izlietajās asinīs un ūdenī ir spēks, lai aizvestu mūs pie patiesības un mūžīgās dzīves.

Jēzus asinis un ūdens bija nevainīgas un bezgrēcīgas, jo Viņā nebija pārmantotā grēka, un Viņš nebija izdarījis neko nelikumīgu Garīgā nezīmē, tās bija tās asinis un tas ūdens, kas var dot augšāmcelšanos. Tāpēc, ka Viņš izlēja Savas svētās asinis, mūsu grēki ir nomazgāti, un mēs varam iegūt patiesu dzīvi, kas ved pie glābšanas, augšāmcelšanās un mūžīgās dzīves.

Ūdens, kas iztecēja no Jēzus ķermeņa simbolizē mūžīgo ūdeni, Dieva Vārdu. Jūs varat piepildīties ar patiesību un kļūt par īstiem Dieva bērniem tādā mērā, kādā saprotat Viņa Vārdu, izpildāt to un atmetat savus grēkus.

Bezgrēcīgais un nevainīgais Jēzus atdeva visu līdz pat asiņu un ūdens izliešanai, lai dotu mums patiesu dzīvi, kaut arī mēs nebijām labāki par dzīvniekiem.

Es ceru, jūs saprotat, ka jūs esat izglābti, neko par to nesamaksājot, tāpēc noraidiet grēkus, patiesi lūdzaties ticībā, lai dzīvotu auglīgu dzīvi Jēzū Kristū.

7. Nodaļa

PĒDĒJIE SEPTIŅI JĒZUS VĀRDI NO KRUSTA

- Tēvs, piedod tiem
- Šodien tu būsi ar mani paradīzē
- Sieva, redzi tavs dēls.... Redzi, tava māte!
- *Eloi, Eloi, lama zabachtani!*
- Man slāpst
- Viss piepildīts
- Tēvs, es nododu Savu garu Tavās rokās!

«Bet Jēzus sacīja: Tēvs, piedod tiem, jo tie nezin, ko tie dara...» (34 pants).

«Bet otrs to norāja un sacīja: Arī tu nebīsties Dieva, kas esi tai pašā sodā! Un mums gan pareizi notiek: Jo mēs dabūjam, ko esam pelnījuši ar saviem darbiem, bet šis nekā ļauna nav darījis. Un viņš sacīja: Jēzu, piemini mani, kad tu nāksi savā valstībā! Un Jēzus tam sacīja: Patiesi, es tev saku: Šodien tu būsi ar mani paradīzē. Un tas bija ap sesto stundu. Tad tapa tumšs pār visu zemi līdz devītai stundai. Un saule tapa aptumšota, un priekškaramais auts dievnamā pārplīsa vidū pušu. Un Jēzus sauca skaļā balsī: Tēvs, es nododu savu garu tavās rokās. Un to sacījis viņš nomira» (40-46 pants).

Lūkas ev. 23:34, 40-46

Lielākā ļaužu daļa nāvei tuvojoties atceras visu savu dzīvi. Viņi saka savus pēdējos atvadu vārdus saviem radiem un draugiem. Tādā pat veidā Jēzus, kļuvis Miesa atnāca uz šo pasauli pēc Dieva gribas un izteica pie krusta septiņus teikumus, pirms Sava pēdējā elpas vilciena. Šie teikumi saucās «pēdējie Jēzus septiņi vārdi pie Krusta.» Apskatīsim šo pēdējo Jēzus vārdu pie krusta, garīgo nozīmi.

Tēvs, piedod tiem

Vēstules Filipiešiem autors tā apraksta Jēzu:

«Savā starpā turiet tādu pat prātu, kāds ir arī Kristū Jēzū, kas Dieva veidā būdams neturēja par laupījumu līdzināties Dievam, bet sevi iztukšoja, pieņemdams kalpa veidu, tapdams cilvēkiem līdzīgs; Un cilvēka kārtā būdams, viņš pazemojās, kļūdams paklausīgs līdz nāvei, līdz pat krusta nāvei» (Vēst. Filipiešiem 2:5-8).

Jēzus pieņēma krustā sišanu, lai atvērtu glābšanas vārtus grēciniekiem. Ļaudis stāvēja pie Krusta un izsmēja Viņu kopā ar saviem pavēlniekiem: *«Viņš citiem palīdzējis, lai palīdzas pats sev, ja šis ir Kristus, Dieva izredzētais»* (Lūkas ev. 23:35).

Kareivji tāpat izsmēja Viņu, pienesa Viņam etiķi un sacīja: *«Ja tu esi Jūdu Ķēniņš, tad palīdzies pats sev!»* (37 p.)

«Un kad tie nonāca tai vietā, ko sauc par pieres vietu, tad tie tur sita krustā viņu un tos ļaundarus, vienu pa labo un otru pa kreiso roku. Bet Jēzus sacīja: Tēvs, piedod tiem, jo tie nezin, ko tie dara. Un tie, viņa drēbes dalīdami, kauliņus par tām meta» (Lūkas ev. 23:33-34).

Jēzus pēdējos elpas vilcienos lūdza par piedošanu viņiem: «Tēvs! Piedod tiem, jo tie nezina, ko tie dara.» Jēzus lūdza Tēvu par žēlastību un piedošanu ļaudīm, kuri nesaprata, ka Viņš ir Dieva Dēls, kas krustā sists par ļaužu grēkiem. Visticamāk, viņi pat neapzinājās, ka tas ko viņi dara bija grēks. Tāds bija Viņa pirmais vārds, izteikts pie krusta.

Jēzus lūdzās ar mīlestību par tiem, kas viņu piesita krustā

Jēzus, Dieva Dēls, lūdzās par tiem, kas piesita Viņu krustā, neskatoties uz to, ka nebija ne vainas, ne iemesla. Cik dziļa un varena Viņa mīlestība! Jēzus viegli varēja nokāpt no krusta un izbēgt no Savas krustā sišanas, jo Viņš Viens ar Visvareno Dievu un apveltīts ar Dieva Tēva spēku. Tomēr Viņš bija piesists krustā, lai piepildītos glābšanas plāns, atbilstoši Dieva gribai. Tāpēc Viņš varēja pieņemt visas ciešanas un kaunu, un ar izmisušu mīlestību lūgties par piedošanu Saviem slepkavām.

Jēzus patiesi lūdzās: «Tēvs! Piedod tiem, jo tie nezina, ko dara.» Šeit «tie» – tas ir ne tikai tie, kas tieši sita Viņu krustā un ņirgājās par viņu, bet arī visi ļaudis, kuri nav pieņēmuši Jēzu Kristu un turpina dzīvot tumsā. Līdzīgi ļaudīm, kuri piesita Jēzu, Dieva Dēlu krustā, daudzi šajā pasaulē turpina grēkot, jo nezin Jēzu Kristu un patiesību.

Mūsu ienaidnieks sātans pieder tumsai un neieredz gaismu, tāpēc viņš piesita Jēzu, kurš ir patiesā Gaisma, krustā. Šodien sātans pavēl ļaudīm, kuri pieder tumsai un liek tiem vajāt tos, kuri staigā Gaismā.

Kāda ir jūsu attieksme pret vajātājiem, kas nesaprot patiesību?

Jēzus māca mūs, ka Dieva griba ir tāda kristiešu attieksme pret vajātājiem, kas atbilstu pirmajiem pie krusta teiktajiem vārdiem. Mateja ev. 5:44 teikts: *«Bet es jums saku: Mīliet savus ienaidniekus, un lūdziet Dievu par tiem, kas jūs vajā.»* Tātad, mūsu pienākums ir lūgties par visiem saviem vajātājiem sakot: «Tēvs, piedod tiem. Viņi nesaprot ko dara. Svētī tos, lai viņi pieņem To Kungu, un mēs varam atkal satikties Debesīs.»

Šodien tu būsi ar mani paradīzē

Divi ļaundari bija sisti krustā kopā ar Jēzu Golgātā, kas saucās Pieres vieta (Lūkas ev. 23:33).

Viens no viņiem apvainoja Viņu, bet otrs apklusināja to, nožēloja grēkus un pieņēma Jēzu, kā savu personīgo Glābēju. Tad Jēzus apsolīja viņam, ka tas būs ar Viņu paradīzē. Tādi ir otrie krustā sistā Jēzus vārdi.

«Un viens no pakārtajiem ļaundariem viņu zaimoja sacīdams: Ja tu esi Kristus, tad glāb sevi pašu un mūs! Bet otrs to norāja un sacīja: Arī tu nebīsties Dieva, kas esi tai pašā sodā! Un mums gan pareizi notiek: Jo mēs dabūjam, ko esam pelnījuši ar saviem darbiem, bet šis nekā ļauna nav darījis. Un viņš sacīja: Jēzu, piemini mani, kad tu nāksi savā valstībā! Un Jēzus tam sacīja: Patiesi, es tev saku: Šodien tu būsi ar mani paradīzē» (Lūkas ev. 23:39-43).

Jēzus apgalvoja, ka ir Mesija, kas var piedot nožēlojušiem grēciniekiem grēkus un glābt tos, pēc Sava otrā vārda pie Krusta. Divu ļaundaru vārdi dažādi pierakstīti Evaņģēlijos. Mateja ev. 27:44 teikts: *«Tāpat arī slepkavas, kas līdz ar viņu bija krustā sisti, zaimoja viņu.»* Marka ev. 15:32 teikts: *«Lai nu Kristus, Izraēla ķēniņš, no krusta nokāpj, ka mēs redzam un ticam. Un arī tie, kas līdz ar viņu bija krustā sisti, viņu zaimoja.»* Tas ir no šiem diviem Evaņģēlijiem iznāk, ka abi ļaundari zaimoja Jēzu.

Tomēr Lūkas ev. 23 nodaļā var izlasīt, ka viens ļaundaris norāja otro, nožēloja grēkus un pieņēma Jēzu Kristu, un bija glābts. Lieta nepavisam nav tajā, ka Evaņģēliji ir pretrunā viens otram. Tieši otrādi, pēc Savas gribas Dievs pieļāva, evaņģēlistiem pierakstīt vienu un to pašu notikumu atšķirīgi. Bībelē Dieva griba un vēsturiskie elementi cieši savīti, ja viss būtu pierakstīts līdz pat mazākai detaļai, tad nepietiktu pat arī tūkstoš Bībeļu.

Šodien pietiekoši veikt videoierakstu, un jūs varat izskatīt to vēlāk, bet Jēzus laikos nebija tādas aparatūras un pat vissvarīgākos notikumus nevarēja pilnībā iegaumēt. Varēja tikai paļauties uz rakstiskām liecībām. Pateicoties nenozīmīgām atšķirībām, tā vai cita situācija tādās liecībās parādās ar vairāk saprotamu realitāti.

Labāka Jēzus krustā piesišanas saprašana

Kad Jēzus sludināja Evaņģēliju, aiz Viņa sekoja lieli ļaužu pūļi. Kāds gribēja dzirdēt Viņa svētrunu, kāds – redzēt brīnumus un debesu zīmes, citi gribēja maizi, bet ceturtie – pārdot savu īpašumu un sekot Jēzum. Lūkas ev. 9. nodaļā, aprakstīts, kā Jēzus ņēma piecas maizes un divas zivis un pateicies svētīja tās. Ļaužu skaits, kuri paēda no tām bija ap pieci tūkstoši (Lūkas ev. 9:12-17). Stādieties sev priekšā, kāds pūlis Jēzu mīlošo un neieredzošo, jā, un vienkārši garlaikoto, sapulcējās Viņa krustā sišanas vietā. Tauta ielenca krustu, un kareivji atgrūda tos ar saviem šķēpiem un vairogiem. Stādieties sev priešā ļaužu kliedzienus, kas cieši bija apņēmuši krustu, kurā karājās Jēzus. Pūlis zākāja Viņu. Pat viens no diviem pakārtajiem ļaundariem apvainoja Viņu.

Kas varēja sadzirdēt pirmā ļaundara repliku? Kopējā kņadā tikai ļaudis, kas atradās vistuvāk Jēzum varēja sadzirdēt Viņa vārdus. Otrais ļaundaris teica kaut ko Jēzum, bet viņa seja bija izkropļota. Īstenībā šis ļaundaris apklusināja to ļaundari, kurš zaimoja Jēzu. Tomēr patālāk stāvošie ļaudis viegli varēja pieņemt, ka grēkus nožēlojušais ļaundaris zaimoja Jēzu, kurš atradās pa vidu.

No vienas puses, evaņģēlisti Matejs un Marks, kuri atradās trokšņainajā pūlī un nevarēja sadzirdēt ļaundara grēku nožēlu, bija absolūti pārliecināti, ka viņš kopā ar visiem zaimoja Jēzu. Tāpēc arī viņi uzrakstīja, ka abi noziedznieki zaimoja Viņu. No otras puses, evanģēlists Lūkas skaidri dzirdēja, ka viens no ļaundariem teica nevis zaimus, bet grēku nožēlas vārdus.

Visu zinošais Dievs pieļāva tiem sastādīt dažādus aprakstus, lai nākošās paaudzes varētu skaidrāk sev iztēloties tur valdošo atmosfēru.

Grēku nožēlojušā ļaundara Debesu mājoklis

Jēzus apsolīja grēkus nožēlojušajam ļaundarim pirms nāves, ka tas «šodien būs paradīzē» kopā ar Viņu. Tam ir garīga nozīme.

Debesis, Dieva Valstība ir neaptverami plašas. Pat Jēzus teicis mums Jāņa evaņģēlijā 14:2: *«Mana Tēva namā ir daudz mājokļu. Ja tas tā nebūtu, vai es jums tad būtu teicis: Es noeju jums vietu sataisīt?»* Psalmu dziedātājs aicina mūs: *«Teiciet viņu, jūs debesu debesis, un jūs ūdeņi, kas pār debesīm augšā!»* (Ps. 148:4). Nehemija savā grāmatā 9:6 slavē Dievu, Kurš radīja debesis un debesu Debesis. 2. vēst. Korintiešiem 12:2 runā par cilvēku *«Es pazīstu cilvēku iekš Kristus, priekš četrpadsmit gadiem – vai miesā, vai ārpus miesas, nezinu, Dievs to zina – tas tika aizrauts trešajās debesīs.»* Atklāsmes grām. 21:2 teikts par Jauno Jeruzālemi, kur atrodas Dieva Tronis.

Tāpat Debesīs ir daudz mājokļu. Tomēr mums nav atļauts dzīvot tajos pēc savas izvēles. Dievs taisnīgi dos katram pēc to darbiem šajā pasaulē: kādā mērā mēs līdzināsimies savam

Kungam, kā pūlējušies Dieva Valstībai, ko esam sakrājuši Debesīs u.t.t. (Mateja ev. 11:12; Atklāsmes grām. 22:12).

Jāņa Evaņģēlijs 3:6 saka: *«Kas no miesas dzimis ir miesa, un, kas no Gara dzimis ir gars.»* Atkarībā no tā, par cik ļaudis sevi būs attīrījuši no visa miesīgā, un kļuvuši garīgas personības, tādas būs arī viņu mājvietas Debesīs, sadalītas pa grupām pēc garīgā līmeņa.

Protams, visi mājokļi Debesīs brīnišķīgi, jo Dievs tos pārvalda. Taču pat Debesu robežās eksistē atšķirības. Piemēram, dzīves veids un līmenis, aizraušanās un pārējais lielu pilsētu iedzīvotājiem un lauciniekiem ir ļoti atšķirīgs. Tieši tāpat svētā Jaunā Jeruzāleme ir visslavenākā vieta Debesīs – tur atrodas Dieva tronis un to Viņa bērnu mājokļi, kuri visvairāk kļuvuši līdzīgi Viņam.

Tomēr Paradīze – tā ir vieta Debesu «priekšpilsētā», kur nokļūst ļaundaris, kurš nožēloja grēkus savas dzīves pēdējā brīdī. Daudzi citi, kuri iegūs «apkaunojošu» izglābšanos arī tur dzīvos. Šie ļaudis pieņēma Jēzu Kristu, bet negāja uz priekšu, lai mainītos garīgi.

Kāpēc gan grēkus nožēlojušais ļaundaris nokļuva Paradīzē?

Viņš no visas sirds nožēloja grēkus un pieņēma Jēzu kā savu Glābēju. Taču viņš nebija atbrīvojies no saviem grēkiem, nedzīvoja pēc Dieva Vārda un nesludināja citiem. Viņš nebija izdarījis neko, lai saņemtu debesu balvu. Tāpēc viņš aizgāja uz Paradīzi, zemāko Debesu mājvietu.

Jēzus nolaidās Augšējā kapā

Lai arī Jēzus apsolīja ļaundarim, ka tas «šodien būs paradīzē» ar Viņu, tas nenozīmē, ka Jēzus ir tikai Paradīzē Debesīs. Jēzus, ķēniņu Ķēniņš un kungu Kungs ir ar Dieva bērniem visur Debesīs, ieskaitot Paradīzi un Jauno Jeruzālemi. Šajā nozīmē Viņš ir klāt Paradīzē, tāpat kā arī visās citās debesu mājvietās.

Kad Jēzus teica izglābtajam ļaundarim, ka tas «šodien būs paradīzē» ar Viņu, «šodien» nozīmē ne vienkārši noteiktu dienu, kad Jēzus nomira pie krusta un, ne vispār kādu citu dienu. Jēzus darīja mums zināmu, ka Viņš būs ar grēkus nožēlojušo ļaundari, lai kur arī tas neatrastos no tā brīža, kad kļuva par Dieva bērnu.

Ja vēršamies pie Bībeles, tad var redzēt, ka Jēzus nedevās uz Paradīzi pēc Savas nāves. Mateja ev. 12:40 teikts, ka Jēzus teica dažiem farizejiem: *«Jo kā Jona trīs dienas un trīs naktis bija lielās zivs vēderā, tā arī Cilvēka Dēls būs trīs dienas un trīs naktis zemes klēpī.»* Vēstule Efeziešiem 4:9 saka: *«Uzkāpis»* – *ko citu gan tas nozīmē, ja ne to, ka viņš arī nokāpis šīs pasaules zemajās vietās?»*

Un vēl, 1. Pētera vēstulē 3:18-19 teikts: *«Jo arī Kristus ir vienreiz grēku dēļ miris, taisnais par netaisniem, lai jūs pievestu Dievam, nonāvēts gan miesā, bet dzīvs darīts garā. Tanī Viņš ir nogājis un arī sludinājis gariem cietumā.»* Jēzus nogāja Zemākajā kapā un sludināja Evaņģēliju līdz tam, kā augšāmcēlās trešajā dienā Kāpēc tas bija nepieciešams?

Līdz tam, kā Jēzus atnāca uz šo pasauli, daudziem ļaudīm vecās derības un pat jaunās derības laikos nebija nekādas iespējas dzirdēt Evaņģēliju, bet tie dzīvoja darot labu un pieņēma Dievu. Vai tas nozīmē, ka visi viņi nokļuva ellē vienkārši tāpēc, ka nezināja, kas ir Jēzus? Dievs sūtīja Savu Vienīgo Dēlu šajā pasaulē, lai katrs, kas pieņem Viņu, izglābtos. Dievs nesāktu cilvēku dzimumu, lai izglābtu tikai tos, kas pieņēma Jēzu Kristu tikai pēc Viņa Augšāmcelšanās. Tie, kuriem nebija iespējas sadzirdēt Evaņģēliju, bet kuri dzīvoja ar tīru sirdsapziņu, tiks tiesāti atbilstoši viņu sirdsapziņai.

No vienas puses šie labas sirds cilvēki sapulcēti vietā kuru sauc par «Augšējo kapu.» No otras puses, «Gadesa» – tā ir vieta, kur ļaunās dvēseles gaida Tiesas Dienu. Pēc Savas krusta nāves Jēzus devās uz Augšējo kapu, kur sludināja Evaņģēliju gariem, kas nebija dzirdējuši Labo Vēsti, bet kuriem bija laba sirdsapziņa un, kas bija glābšanas cienīgi.

Nav cita vārda zem debess, kas dots cilvēkiem, ar kuru varētu glābties, izņemot Jēzu Kristu. Tieši tādēļ arī Jēzus sludināja gariem par Sevi, lai viņi varētu pieņemt Viņu un izglābties.

Bībele saka, ka gari izglābtie līdz Jēzus krustā sišanai, aiznesti uz Ābrahāma klēpi (Lūkas ev. 16:22), bet pēc Viņa Augšāmcelšanās tos aiznes uz Jēzus klēpi.

Glābšanās pēc sirdsapziņas tiesas

Pirms Jēzus atnāca uz šo pasauli, lai pasludinātu Evaņģēliju, labu darošiem cilvēkiem vajadzēja sekot savai sirdsapziņai. Šie ļaudis nedarīja ļaunu pat likstu un grūtību priekšā, tāpēc ka uzmanīgi ieklausījās savā sirdsbalsī.

144 _ Vārds par Krustu

Vēstule Romiešiem 1:20 saka: *«Viņa neredzamās īpašības, tiklab Viņa mūžīgā vara kā Viņa dievišķība, kopš pasaules radīšanas gara acīm saskatāmas Viņa darbos; tāpēc viņiem nav ar ko aizbildināties.»*

Vērojot Visumu un visa harmoniju, kas piepilda zemi, labsirdīgie ļaudis ticēja mūžīgajai dzīvei. Tāpēc arī viņi nedzīvoja pēc savas grēcīgās dabas, bet kontrolēja sevi, Dieva bijībā atturoties no pasaules izpriecām.

Vēstule Romiešiem 2:14-15, izskaidro: *«Jo, ja pagāni, kam nav bauslības likuma, sekodami savai dabai, izpilda tikumības likuma prasības, tad viņi, būdami bez bauslības likuma, paši sev ir likums. Jo ar to viņi pierāda, ka likuma prasība ierakstīta viņu sirdīs. To pašu apliecina viņu sirdsapziņa un viņu domu spriedumi, kas cits citu vai nu apsūdz vai attaisno.»*

Dievs deva Baušļus izraēliešiem, bet ne pagāniem. Taču, ja pagāni dzīvo pēc savas sirdsapziņas sekojot savai noteiktai sirdsbalsij, tas ir vienlīdzīgi tam, ja viņi dzīvotu pēc Baušļiem. Nevar teikt, ka tie, kas nav ticējuši Jēzum Kristum nevar tikt glābti, ja viņi ne reizi dzīvē nav dzirdējuši Evaņģēliju.

Starp palikušajiem līdz nāvei neziņā par Jēzu Kristu ir ļaudis, kuri varēja atturēties no ļaunām domām pateicoties savas sirds tīrībai. Šie ļaudis būs izglābti Dieva tiesā pēc viņu sirdsapziņas.

Sieva, redzi tavs dēls…. Redzi, tava māte!

Apustulis Jānis pierakstīja visu redzēto un dzirdēto pie krusta. Tur atradās daudz sieviešu, ieskaitot Mariju, Jēzus Māti, Viņa mātes māsu Salomeju, Mariju Kleopas sievu un Mariju Magdalēnu. Jāņa ev. 19:26-27 Jēzus lūdz sērojošo Mariju, Savu māti, uzskatīt Jāni par savu dēlu, bet Jāni parūpēties par viņu, kā par savu māti.

«Tad Jēzus ieraudzījis savu māti un viņai līdzās mācekli stāvam, ko viņš mīlēja, saka mātei: Sieva, redzi tavs dēls! Pēc tam viņš saka māceklim: Redzi, tava māte! No tā brīža māceklis viņu ņēma pie sevis.»

Kāpēc Jēzus nosauca Mariju par «sievieti», bet ne par «māti?»

Vārds «māte» nebija Jēzus izteikts, bet atspoguļo apustuļa Jāņa skatījumu. Kāpēc gan tad Jēzus nosauca Savu Māti, kura Viņu dzemdēja par «sievieti.»

Ja vēršamies pie Bībeles, var ievērot, ka Jēzus nesauca Viņu par «māti.»

Piemēram, Jāņa ev. 2:1-11 aprakstīts, kā Jēzus sākot savu kalpošanu, izdarīja Savu pirmo brīnumu – pārvēršot ūdeni vīnā. Tas notika kāzu svinību laikā Kānās Galilejā. Jēzus un Viņa mācekļi arī bija aicināti uz kāzām. Kad vīns beidzās Marija teica Viņam par to, jo Viņa zināja, ka Jēzus – Dieva Dēls un var pārvērst ūdeni vīnā. Tad Jēzus atbildēja Viņai: *«Kas man ar tevi, sieva! Mana stunda vēl nav nākusi»* (4 p.).

Jēzus atbildēja, ka Viņa laiks, lai atklātu sevi kā Mesiju, vēl nav pienācis, neskatoties uz Marijas nožēlu par vīna trūkumu viesiem. Ūdens pārvēršana vīnā garīgā nozīmē, parāda tuvojošos

Jēzus Kristus Asiņu izliešanu pie krusta.

Jēzus pavēstīja par Sevi, kā par uz šo pasauli atnākušo Glābēju, piepildot dievišķo cilvēces glābšanas plānu pie krusta. Tāpēc Viņš vērsās pie Marijas ar vārdu «sieva», nevis «māte.» Un vēl, mūsu Glābējs Jēzus ir viens no Trīsvienības un Radītāja. Dievs radītājs ir «Es Esmu» (2. Mozus 3:14) un Viņš ir Pirmais un Pēdējais (Atklāsmes grām. 1:17; 2:8). Tādā veidā Jēzum nav mātes, un tāpēc Jēzus nosauca Mariju par «sievieti», nevis par «māti.»

Šodien daudzi Dieva bērni vēršas pie Marijas kā pie «svētās Jēzus mātes», pat ceļ viņai pieminekļus un zemojas to priekšā. Jums vajag saprast, ka tā tas absolūti nav, jo viņa nav paša Glābēja māte (2. Mozus 20:4).

Debesu pilsonība

Jēzus mierināja Mariju, kas sēroja par Viņa krustā sišanu, un pavēlēja Savam iemīļotajam māceklim Jānim parūpēties par Viņu, kā par paša māti. Neskatoties uz briesmīgajām sāpēm pie krusta, Viņš dziļi pārdzīvoja par to, kas notiks ar Mariju pēc Viņa nāves. Tajā arī jūs varat redzēt Viņa mīlestību.

Caur trešo Jēzus vārdu pie krusta, mēs varam saprast, ka mēs visi esam brāļi un māsas ticībā, – esam Dieva ģimene. Mateja ev. 12. nodaļā atrakstīts notikums, kur Jēzus ģimene atnāk, lai satiktos ar Viņu. Kad Jēzum pateica, ka ārpusē stāv Viņa māte un brāļi viņš vērsās pie pūļa ar tādiem vārdiem:

«Un viņš atbildēja un sacīja tam, kas viņam to teica:

Kas ir mana māte, un kas ir mani brāļi? Un roku izstiepis pār saviem mācekļiem, viņš sacīja: Redzi, mana māte un mani brāļi! Jo, kas dara mana Debesu Tēva prātu, tas ir mans brālis, un mana māsa, un mana māte» (Mateja ev. 12:48-50).

Pēc tā mēra, kā pieaug mūsu ticība, pēc Jēzus Kristus pieņemšanas, jūsu piederības sajūta pie debesu pilsonības kļūst vēl skaidrāka, un jūs sākat izjust vairāk mīlestības pret saviem brāļiem un māsām Kristū, kā pret bioloģiskajiem radiniekiem. Ja jūsu ģimene nepieder pie Dieva bērnu skaita, tad tā nevarēs palikt «ģimene» mūžīgi. Jūsu radnieciskās attiecības izbeigsies ar nāves iestāšanos. Ja viņi netic Jēzum Kristum un nedzīvo pēc Dieva prāta, tad pat neskatoties uz viņu apliecinājumu ticībai Dievam, viņi nokļūs ellē tāpēc, ka grēka alga – nāve (Mateja ev. 7:21).

Redzamā miesa pārvēršas pīšļos pēc nāves, taču gars ir nemirstīgs. Kad Dievs paņems mūsu garu, paliks tikai ķermenis, kurš ātri satrūdēs. Dievs Radītājs radīja pirmo cilvēku no pīšļiem, kurā iepūta dzīvības elpu, darot ar to pašu viņa garu nemirstīgu. Tieši Dievs dod dzimšanu nemirstīgajam garam un rada miesu, kura atgriežas pīšļos. Tāpēc Viņš ir mūsu patiesais Tēvs.

Mateja ev. 23:9 teikts: «*Jums arī nevienu virs zemes nebūs saukt par savu tēvu, jo viens ir jūsu Tēvs, kas debesīs.*» Tas nenozīmē, ka jums nav jāmīl savi neticīgie radinieki. Ļoti svarīgi patiesi mīlēt tos, sludinot viņiem Evaņģēliju un vadīt tos pie Jēzus Kristus pieņemšanas.

Eloi, Eloi, lama zabachtani!

Jēzus bija piesists krustā trešajā stundā, bet sestajā stundā pa visu zemi iestājās tumsa, kura turpinājās līdz devītajai stundai, kad Viņš izlaida Savu pēdējo elpu. Runājot mūslaiku valodā, Viņš bija piesists krustā pulksten deviņos no rīta un pēc trīs stundām, dienas vidū visa zeme bija ietīta tumsā līdz pulksten trijiem pēcpusdienā.

«Un ap sesto stundu palika tumšs pār visu zemi līdz devītai stundai un ap devīto stundu Jēzus stiprā balsī brēca, saukdams: Eloi, Eloi, lama zabachtani! Tas ir tulkots: Mans Dievs, mans Dievs, kāpēc tu mani esi atstājis?» (Marka ev. 15:33-34).

Pēc sešām stundām, deviņos Jēzus brēca uz Dievu: *«Eloi! Eloi! Lama zabachtani?»*

Tāds ir ceturtais vārds pie krusta. Jēzus bija novārdzis, jo Viņš karājās pie krusta zem kvēlojošas tuksneša saules sešu stundu garumā, notekot asinīm un sviedriem. Viņš bija paguris līdz spēku izsīkumam. Kāpēc gan tad Viņš sauca uz Dievu?

Katrs no septiņiem krustā sistā Jēzus vārdiem satur garīgu jēgu. Ja tie nebūtu sadzirdēti, tie būtu nederīgi. Šiem septiņiem vārdiem bija jābūt precīzi pierakstītiem Bībelē, lai katrs varētu saprast Dieva gribu.

Tāpēc krustā piesists, Viņš skaļi izteica septiņus vārdus, lai visi apkārt krustam stāvošie varētu tos sadzirdēt un pierakstīt.

Daži runā, ka Jēzus balsī skan pārmetums Dievam, tāpēc ka

Viņam nācās atnākt uz šo pasauli miesā un pieņemt milzīgās sāpes bez vajadzības. Tomēr tas nebūt nav tā.

Kāpēc Jēzus sauca: «Eloi! Eloi! Lama zabachtani?»

Iemesls, kāpēc Viņš atnāca uz zemi, bija sagraut sātana intrigas un atvērt vārtus mūsu glābšanai.

Un tā Jēzus bija paklausīgs Dieva gribai līdz pašai nāvei un pilnībā pienesa Sevi kā upuri. Pirms piesišanas krustā, Viņš karsti lūdzās, un Viņa sviedri, kā asins lāses krita uz zemi (Lūkas ev. 22:42-44). Viņš nesa Savu nastu pilnībā apzinoties ciešanas, kuras Viņš saņems pie krusta.

Viņš pieņēma pazemojumu un ciešanas pie krusta tāpēc, ka zināja Dieva plānu, kas sagatavots cilvēcei. Vai tad Jēzus nevarēja paust nožēlu par Savu nāvi? Viņa sauciens nebija nožēla vai pārmetums Dievam. Jēzum bija cits iemesls šiem vārdiem.

Pirmkārt, Jēzus vēlējās pasludināt pasaulei, ka Viņš ir pieņēmis krusta nāvi, lai izpirktu visus grēciniekus.

Viņš vēlējās, lai katrs saprastu, ka pat neskatoties uz to, ka ir Vienīgais un Vienpiedzimušais Dieva Dēls, Viņš pameta Savu godību Debesīs un bija pilnībā Dieva atstāts. Viņš sauca, lai katrs zinātu par Viņa ciešanām un baismīgajām sāpēm pie krusta, lai izpirktu grēciniekus no to grēkiem. Bībele liecina, ka Viņš sauca Dievu par «Savu Tēvu», bet pie krusta Jēzus vēršas pie Viņa kā pie «Sava Dieva.» Jo Jēzus pieņēma krustu grēcinieku vārdā, bet grēciniekiem nav tiesības saukt Dievu par «Tēvu.»

Tajā momentā Dievs atstāja Jēzu kā grēcinieku, kas nes visas cilvēces grēkus, un Jēzus neuzdrošinājās nosaukt Dievu par «Tēvu.» Tādā pat veidā jūs saucat Dievu «Abba, Tēvs», ja atbildat uz Viņa mīlestību, taču vēršaties pie Viņa jau, kā pie Dieva, bet ne «Tēva», kad attālināties no Viņa, kādu jūsu izdarītu grēku vai vājas ticības dēļ.

Dievs vēlas, lai visi ļaudis kļūtu par Viņa patiesiem bērniem, kuri var saukt Viņu par «Tēvu», pieņemot Jēzu Kristu un staigājot Gaismā.

Otrkārt, Jēzus vēlējās brīdināt ļaudis, kas zina Dieva gribu, bet dzīvo tumsā.

Dievs sūtīja Savu Vienīgo Dēlu Jēzu Kristu uz šo pasauli un pieļāva Viņa apkraušanu lāstiem un krustā sišanu no Sava Paša radības rokām. Jēzus zināja, kāpēc Dievs atstājis Savu Dēlu, bet Viņam apkārt stāvošais pūlis neredzēja Dieva gribu. Viņš iekliedzās: Mans Dievs! Mans Dievs! Kāpēc Tu Mani esi atstājis? – lai ļautu saprast Dieva mīlestību un nožēlot grēkus, lai viņi nostātos uz glābšanas ceļa.

Man slāpst

Vecās Derības laikos bija daudzums pravietojumu par Jēzus ciešanām pie krusta. Psalms 69:22 saka: *«Un viņi man deva ēst žulti, un, kad es biju izslāpis, mani dzirdīja ar etiķi.»* Kā pareģots psalmā, kad Jēzus teica, ka Viņam slāpst, ļaudis samērcēja sūkli ar etiķi, uzlika to uz izapa stiebra un pienesa pie Jēzus lūpām:

«Pēc tam, zinādams, ka viss ir pabeigts un, lai piepildītu rakstus līdz galam, Jēzus sacīja: Man slāpst! Tur stāvēja trauks ar etiķi; tie uzsprauda sūkli ar etiķi uz izapa stiebra un to pacēla pie Viņa mutes» (Jāņa 19:28:29).

Ilgi pirms Jēzus Kristus Piedzimšanas Bētlēmes pilsētā, psalmists redzēja parādību par Jēzus krustā sišanu un Viņa nāvi pie krusta. Viņš to aprakstīja. Jēzus teica: «Man slāpst», lai piepildītu Rakstus.

Padomāsim par piekto krustā piesistā Jēzus vārdu «Man slāpst», garīgo nozīmi.

Jēzus pasludina Savas garīgās slāpes

Daudz ļaužu var izciest badu, bet neviena spēkos nav sadzīvot ar slāpēm. Jēzus bija pilnībā zaudējis spēkus, tāpēc ka Viņš bija piesists pie krusta jau sešas stundas un izlējis Savas asinis zem svelmainās tuksneša saules. Viņa slāpju līmeni nevar aprakstīt.

Lieta nav tajā, ka Jēzus nevarēja pārciest Savas slāpes, kad teica, ka viņam slāpst. Viņi zināja, ka ļoti drīz atgriezīsies pie Dieva ar mieru.

Īstenībā lielas ciešanas Viņam radīja garīgās slāpes, bet ne fiziskās. Tik liela ir Jēzus vēlēšanās par Dieva bērniem: «Es slāpstu, tāpēc, ka Es izlēju Savas asinis. Remdējiet manas slāpes, atmaksājot par Manām asinīm.»

Divi tūkstoši gadu pagājis no Jēzus krusta nāves, taču Viņš vēl joprojām runā uz mums par Savām slāpēm. Viņa slāpes bija no

Viņa Paša izlietajām asinīm. Viņš izlēja Savas asinis, lai piedotu mūsu grēkus un dāvinātu mums mūžīgo dzīvību.

Jēzus teica mums, ka Viņam slāpst, lai parādītu Savu gatavību izglābt apmaldījušās dvēseles. Tāpēc Dieva bērniem izglābtiem ar Jēzus asinīm, vajag atmaksāt par Viņa asinīm. Līdzeklis ar kuru jūs varat samaksāt par Viņa asinīm un remdēt Viņa slāpes, – tas ir, ka jūs vedat ļaudis no nezināšanas, elles briesmām uz Debesīm.

Tāpēc mums vajag būt pateicīgiem Jēzum, Kurš izlēja Savas asinis un tagad mums vajag remdēt Viņa slāpes, vedot ļaudis uz glābšanas ceļa.

Viss piepildīts

Jāņa ev. 19;30 teikts, ka Jēzus «nogaršojis etiķi», teica *«Viss piepildīts!»* Pēc tā Viņš nolieca galvu un izlaida Savu garu. Jēzus pieņēma sūkli, kas bija uzsprausts uz izapa stiebra. Viņš to izdarīja ne tāpēc, ka nevarēta izturēt Savas slāpes. Jo šajā darbībā arī ietverta garīga nozīme.

Jēzus atnāca uz šo pasauli miesā, lai Viņu piesistu krustā par cilvēces grēkiem. No Savas lielās mīlestības pret mums Jēzus piepildīja Vecās Derības likumu, nesa ļaužu grēkus un viņiem paredzēto lāstu. Vecās Derības laikos ļaudis pienesa Dievam, kā upuri dzīvnieku asinis, kad bija darījuši grēku. Bet Jēzus, izlejot Savas Asinis veica upuri vienu reizi uz visiem laikiem par grēkiem, kas izdarīti visos laikos (vēst. Ebrejiem 10:11-12). Tādā veidā, mūsu grēki ir piedoti, kad mēs pieņemam Jēzu Kristu, jo

Viņš jau mūs ir izpircis. Izpirkšanas svētība caur Jēzu Kristu tiek apzīmēta kā jaunais vīns, un Viņš izdzēra vīna etiķi, lai dāvātu mums jauno vīnu.

Vārda «Viss piepildīts!» garīgā nozīme

Jēzus teica: «Viss piepildīts!» un izlaida Savu garu. Kāda ir tā garīgā nozīme?

Jēzus atnāca uz zemi miesā, sludināja Evaņģēliju, dziedināja vainas un slimības, un atvēra glābšanas vārtus, pieņēma krustu par visiem tiem, kas bija nolemti nāvei.

Viņš piepildīja Vecās Derības Likumu ar mīlestību, pienesot Savu dzīvību kā upuri. Un vēl, Viņš uzvarēja sātanu, pilnībā iznīcinot sātana intrigas. Tas nozīmē, ka Viņš piepildīja dievišķo cilvēces glābšanas plānu. Tāpēc arī Jēzus teica uz krusta: «Viss piepildīts!»

Dievs vēlas, lai Viņa bērni izpildītu visu, dzīvojot pēc Dieva gribas, līdzīgi Viņam, Vienīgajam un Viendzimušajam Dēlam Jēzum, kas izpildīja visu glābšanai paredzēto caur paklausību – līdz pat Savas dzīvības pienešanai kā upuri pēc Dieva gribas un plāna.

Un tā, mums vajag, pirmkārt līdzināties sava Kunga sirdij, iegūt garīgo mīlestību, tas ir pienest deviņus Svētā Gara augļus (vēst. Galatiešiem 5:22-23) un piepildīt Svētību Likumus (Mateja 5:3-10). Pēc tam mums vajag piepildīt to uzdevumu, ko mums devis Tas Kungs. Mums vajag pievest, cik vien iespējams lielāku cilvēku skaitu pie Tā Kunga, dedzīgi lūdzoties, sludinot Evaņģēliju un kalpojot baznīcai.

Es ceru, ka katrs no mums, dārgākajiem Dieva bērniem, uzvarēs pasauli ar stingru ticību, cerību uz Debesīm un Dieva mīlestību, ar savu paklausību Dievam un Viņa gribai, tāpat, kā to izdarīja Kungs Jēzus Kristus, sakot: «Viss piepildīts!»

Tēvs, es nododu Savu garu Tavās rokās!

Tajā laikā, kad Jēzus izteica Savus pēdējos vārdus pie krusta, Viņš bija pilnībā zaudējis spēkus. Tādā stāvoklī Jēzus vēl spēja skaļi saukt: «Tēvs, Es nododu Savu garu Tavās rokās.»

«Un Jēzus sauca skaļā balsī: Tēvs, es nododu Savu garu Tavās rokās. Un to sacījis, viņš nomira» (Lūkas 23:46).

Jūs varat ievērot, ka Jēzus nosauca Dievu par «Tēvu», un nevis «Manu Dievu.» Tas norāda uz to, ka Jēzus tagad izpildījis Savu misiju, kā grēku izpirkšanas upuris.

Jēzus nodeva Savu Garu un dvēseli Dievam

Kāpēc Jēzus, atnācis uz zemi kā mūsu Glābējs, nodeva Savu garu un dvēseli Sava Tēva rokās?

Cilvēks sastāv no gara, dvēseles un miesas (1. Vēst. Tesaloniķiešiem 5:23). Nāves brīdī viņa gars un dvēsele pamet ķermeni. Tie atgriežas Dieva klēpī, ja viņš ir Dieva bērns. Pretējā gadījumā viņa gars un dvēsele dodas uz elli (Lūkas ev. 16:19-31).

Tā ķermenis tiek aprakts un atgriežas pīšļos. Jēzus Dieva Dēls, kļuva Miesa un atnāca uz šo pasauli. Viņam bija gars, dvēsele un miesa, tāpat kā mums. Kad Viņš bija piesists krustā, nomira Viņa ķermenis, bet ne gars un dvēsele. Viņš nodeva Savu Garu un dvēseli Dieva rokās. Dievs pieņem gan jūsu dvēseli, gan garu, kad jūs nomirstat. Ja Dievs pieņemtu tikai jūsu garu, bet ne dvēseli, jūs nekad nevarētu izjust patiesu laimi Debesīs un nevarētu būt pateicīgi Viņam no visas sirds. Kāpēc? Tāpēc, ka jūs neatcerētos visas tās lietas, kas nāk no dvēseles, kā, piemēram, asaras, bēdas, ciešanas un citu, kas mūs piemeklējis uz zemes. Tāpēc Dievs arī saņem ne tikai jūsu garu, bet arī dvēseli.

Kāpēc tad Jēzus nodeva Savu dvēseli un garu Dievam? Tāpēc, ka Dievs ir Radītājs, kas pārvalda visu Visumā un rīkojas ar visu jūsu dzīvi, nāvi, lāstiem un svētībām. Tas nozīmē, ka viss pieder Dievam, un viss atrodas Viņa varā. Tikai Dievs atbild uz mūsu lūgšanām. Un tā, Jēzum Pašam vajadzēja lūgties, lai nodotu Savu garu un dvēseli Dievam Tēvam (Mateja 10:29-31).

Jēzus lūdzās skaļā balsī

Kāpēc Jēzus lūdzās skaļā balsī, neskatoties uz Savām ciešanām, sacīja: «Tēvs! Tavās rokās es nododu Savu garu?»

Tas tāpēc, ka Viņš vēlējās, lai ļaudis dzirdētu un zinātu: Dievam patīk, ka mēs lūdzamies skaļā balsī. Viņa lūgšana un Sava gara nodošana Dievam bija tik pat atklāta, kā arī Viņa lūgšana Ģetzemanes dārzā neilgi pirms Viņa sagūstīšanas.

Un vēl, Jēzus lūgšana: «Tēvs! Tavās rokās Es nododu Savu

garu» pierāda, ka Jēzus ir izpildījis visu pēc Dieva gribas. Tas ir, tagad Viņš varēja ar lepnumu nodot Savu garu Dievam, pabeidzis Savu darbu pilnīgā paklausībā Dievam.

Apustulis Pāvils sludināja: «*Labo cīņu es esmu izcīnījis, skrējienu esmu pabeidzis, ticību esmu turējis. Atliek man tikai saņemt taisnības vainagu, ko mans Kungs, taisnais tiesnesis, dos man viņā dienā, un ne tikvien man, bet arī visiem, kas ir iemīlējuši Viņa parādīšanos*» (2. vēst. Timotejam 4:7-8).

Diakons Stefans tāpat dzīvoja pēc Dieva prāta un paļāvīgā ticībā. Tāpēc viņš varēja lūgties: «*Kungs Jēzu! Pieņem manu garu*», kad viņu nomētāja akmeņiem (Apustuļu d. 7:59). Apustulis Pāvils un Stefans nevarētu lūgties ar tādiem vārdiem, ja būtu dzīvojuši pasaulīgu dzīvi, dzenoties pēc izpriecām, uz kurām vilina cilvēku grēcīgā daba.

Ja nodzīvosiet dzīvi pēc Dieva Tēva gribas, tad līdzīgi Jēzum, jūs varēsiet ar lepnumu teikt: «Piepildīts!» un «Tēvs! Tavās rokās es nododu Savu garu.»

Kas notika pēc Jēzus nāves?

Jēzus nomira pie krusta, skaļi izsakot Savus pēdējos vārdus. Bija devītā stunda (trīs pēcpusdienā). Lai arī tas bija dienā tumsa pārklāja visu zemi no sestās stundas (tas ir no pusdienas) līdz devītajai, un tempļa priekškars pārplīsa divās daļās (Lūkas 23:44-45)

«Un redzi, Tempļa priekškars pārplīsa no augšas līdz apakšai divos gabalos, un zeme trīcēja un klintis šķēlās,

un kapi atdarījās, un daudzu svēto miesas, kas dusēja, cēlās augšām. Un tie izgāja no kapiem pēc Viņa augšāmcelšanās, nāca svētajā pilsētā un parādījās daudziem» (Mateja 27:51-53).

Ir svarīga garīgā nozīme frāzei, ka «tempļa priekškars pārplīsa divas daļās no augšas līdz apakšai.» Garais aizkars templī atdalīja Svēto vietu no Vissvētākās. Neviens nevarēja ieiet svētajā vietā izņemot priesterus un tikai augstākajam priesterim bija tiesības ieiet Vissvētākajā vietā vienreiz gadā.

Priekškara pārplēšana templī norāda uz to, ka Jēzus pienesis Sevi kā žēlsirdības upuri, lai sagrautu grēka sienu. Līdz priekškara pārplīšanas laikam divās daļās, augstākais priesteris pienesa ziedojumus tautas vārdā un bija starpnieks starp ļaudīm un Dievu.

Mums var būt tiešas attiecības ar Dievu, tāpēc ka grēka siena bija sagrauta ar Jēzus nāvi. Tagad katrs, kas tic Jēzum Kristum, var ieiet svētnīcā, lai pielūgtu un kalpotu Dievam, bez priesteru vai praviešu starpniecības.

Tieši tāpēc Vēstules Ebrejiem autors atzīmē: *«Tā kā nu mēs, brāļi, droši varam ieiet Svētajā vietā Jēzus asiņu dēļ, ko Viņš mums sagatavojis par jaunu un dzīvu ceļu caur priekškaru, tas ir Viņa miesu»* (Vēstule Ebrejiem 10:19-20).

Un vēl, zeme drebēja un akmeņi šķēlās. Visi šie pārdabiskie notikumi runā mums par to, ka nodrebēja visa pasaules telpa. Cilvēku ļaunuma dēļ izpaudās Dieva sāpes. Dievs darīja zināmu, ka Viņš ir dziļi ievainots, tāpēc, ka ļaužu sirdis pārāk nocietinājušās un nebija spējīgas pieņemt Jēzu Kristu, neskatoties uz to, ka Viņš atdeva Savu Vienīgo Dēlu, lai tos glābtu. Kapi atvērās, un daudzi svēto nomirušie ķermeņi cēlās augšām. Augšāmcelšanās liecības ietver to, ka katram kurš tic Jēzum Kristum piedots un tas dzīvos atkal.

Un tā es ceru, jūs sapratāt garīgo nozīmi un Tā Kunga mīlestību, kas iekļauta Viņa septiņos pēdējos vārdos pie krusta, pilnīgā uzvarā un pēc tam nostāsieties Tā Kunga priekšā līdzīgi ticības tēviem.

8. Nodaļa

PATIESA TICĪBA UN MŪŽĪGA DZĪVE

- Šis noslēpums ir liels!
- Melīgi skaidrojumi neved pie glābšanas
- Cilvēka Dēla Miesa un Asinis
- Piedošana tikai pēc staigāšanas Gaismā
- Ticība, ko pavada darbi, ir īsta ticība

«Kas bauda Manu miesu un dzer Manas asinis, tam ir mūžīgā dzīvība, un Es to uzcelšu pastarā dienā. Jo Mana miesa ir patiess ēdiens un Manas asinis ir patiess dzēriens. Kas Manu miesu bauda un Manas asinis dzer, paliek Manī, un Es viņā. Itin kā Mani sūtījis dzīvais Tēvs, un Es esmu dzīvs Tēvā, tāpat arī tas, kas Mani bauda, būs dzīvs Manī.»

Jāņa ev. 6:54-57

Beigu mērķis ticībai Jēzum Kristum un baznīcas apmeklēšanai ir tajā, lai iegūtu glābšanu un mūžīgo dzīvi. Tomēr daudzi domā, ka viņiem ir glābšana no tā vien, ka viņi iet uz baznīcu svētdienās un saka, ka tic Jēzum Kristum, pie tam nedzīvojot pēc Dieva Vārda.

Protams, kā rakstīts Vēstulē Galatiešiem 2:16: *«Zinādami, ka neviens cilvēks netop taisnots pēc bauslības darbiem, bet ticībā Jēzum Kristum, arī mēs kļuvām ticīgi Jēzum Kristum, lai taptu taisnoti Kristus ticībā un ne pēc bauslības darbiem, jo pēc bauslības darbiem, neviens cilvēks nekļūst taisns»*, jūs nevarat ieiet Debesīs vai attaisnoties ar ārēju baušļu ievērošanu, īpaši, ja jūsu sirds ir piepildīta ar negodīgumu. Ja jūs turpināt grēkot mācoties Dieva Vārdu, nepildāt to, tad jums nebūs attiecību ar Jēzu Kristu.

Secinoši, jums vajag apzināties, ka jums ir grūti izglābties tikai ar savu lūpu liecību. Jēzus Kristus asinis attīra jūs no jūsu grēkiem un glābj jūs, tikai, ja jūs staigājat Gaismā un dzīvojat Patiesībā. Vajag būt patiesai ticībai, ko pavada darbi (1. Jāņa vēst. 1:5-7).

Tagad sīkāk izskatīsim, kā iegūt īstu ticību, ar kuru mēs varam iegūt glābšanu un mūžīgo dzīvi, kā patiesi Dieva bērni.

Šis noslēpums ir liels!

Vēstulē Efeziešiem 5:31-32, teikts: *«Tādēļ cilvēks atstās tēvu un māti un pieķersies savai sievai un abi kļūs par vienu miesu. Šīs noslēpums ir liels un es to attiecinu uz Kristu un draudzi.»* Kļūstot pieauguši ļaudis atstāj savus vecākus un savienojas ar vīru vai sievu, kas atbilst veselajam saprātam. Kāpēc tad Dievs nosaucis to par lielu noslēpumu? Ja šos vārdus tulko un pieņem burtiski, jūs nesaprotat, kāpēc tas ir «liels noslēpums» taču, ja apzinās to garīgo jēgu, tad pildāmies ar prieku.

«Draudze» šeit nozīmē Dieva bērnus, kas pieņēmuši Svēto Garu. Un tieši Dievs salīdzinājis attiecības starp Jēzu Kristu un ticīgajiem ar laulāto attiecībām.

Kā var atstāt pasauli un savienoties ar Līgavaini Jēzu Kristu?

Ja pieņemat Jēzu Kristu ticībā

No tā laika kopš pirmais cilvēks Ādams izdarīja nepaklausības grēku Dievam, grēks ienāca šajā pasaulē. Visi viņa pēcnācēji kļuva par grēka vergiem un ienaidnieka sātana bērniem, kurš valda šajā pasaulē.

Agrāk, līdz tam, kad mēs pieņēmām Jēzu Kristu, mēs piederējām šai pasaulei un ienaidniekam sātanam, kuram dota vara pār šo tumsas pasauli. Tas apstiprināts Jāņa ev. 8:44, kur mēs lasām: *«Jūs esat no sava tēva – velna, un jums gribas piepildīt sava tēva kārības. Viņš no paša sākuma ir bijis slepkava un nestāv patiesībā, jo patiesība nav viņā. Melus runādams, viņš runā pēc Savas dabas, jo viņš ir melis un melu tēvs»*, un tāpat

1. Jāņa vēstulē 3:8: «*Kas dara grēku, ir no velna, jo velns grēko no sākuma. Tamdēļ Dieva Dēls atnācis, lai Viņš iznīcinātu velna darbus.*»

Taču tad, kad mēs pieņēmām Jēzu Kristu, kā savu Glābēju un iznācām Gaismā, mēs saņēmām varu, kā Dieva bērni un atbrīvojāmies no grēkiem, tāpēc, ka mūsu grēki piedoti ar Jēzus Kristus asinīm.

Ja mēs ticam tam, ka Jēzus Kristus ir izpircis mūs no mūsu grēkiem, pieņemot krustu, Dievs dod mums dāvanā Svēto Garu, bet Svētais Gars dzemdina garu mūsu sirdī. Svētais Gars stāsta mums par Dieva gribu un māca mums to, lai mēs vadītu sevi un dzīvotu atbilstoši patiesībai.

Un tad mēs kļūstam par Dieva bērniem, kurus vada Dieva Gars, saucam uz Viņu: «Abba, Tēvs!» (Vēst. Romiešiem 8:14-15) un mantojam Debesu Valstību.

Cik tas brīnišķīgi un neaptverami, ka sātana bērni, kas kādreiz gāja mūžīgās nāves ceļu, kļuvuši par Dieva bērniem, un tagad ticība ved tos uz Debesīm!

Kad mēs apvienojamies ar Jēzu Kristu ticībā Viņam, mūsu sirdīs ienāk Svētais Gars un savienojas ar dzīvības sēklu. Dievs radīja pirmo cilvēku no pīšļiem un iepūta viņa nāsīs dzīvību. Dzīvības elpa ir dzīvības sēkla, pati dzīvība. Tāpēc tā nekad nemirs, bet tiks nodota pēcnācējiem caur cilvēka spermu un olšūnu no paaudzes paaudzē.

Dzīvības sēkla apslēpta sirdī. Pēc tā, kad Dievs radīja Ādamu, Viņš iesēja viņa sirdī dzīves izziņu un gara izziņu. Lai mazulis apgūtu šīs pasaules zināšanas un kļūtu par kulturālu cilvēku, audzinātu cienījama cilvēka rakcturu, dzīvajai radībai nepieciešamas dzīves zināšanas, lai apgūtu dzīves patiesības, kaut arī viņš jau eksistē fiziski. Kādreiz Ādamam bija tikai garīgās zināšanas, tas ir patiesās. Taču pēc Viņa nepaklausības Dievam, viņa saziņa ar Dievu pārtrūka. Un viņš sāka pakāpeniski zaudēt gara zināšanas, nepatiesība sāka piepildīt viņa sirdi.

No tā laika sirds, kas no sākuma bija piepildīta tikai ar patiesību, kļuva piepildīta no divām sastāvdaļām: ar patiesību un meliem. Piemēram, Ādama sirdī bija mīlestība, taču ienaidnieks sātans iesēja tur nepatiesību, kas saucās ienaids un rezultātā, kā jūs redzat 1. Mozus grāmatā, 4. nodaļā Kains, kurš dzima Ādamam pēc grēkā krišanas, nogalināja savu brāli Ābelu aiz naida un greizsirdības.

Ar laiku sirdī sāka formēties otra daļa, kura bija piepildīta ar patiesību un nepatiesību. Šī daļa saucās par «dabu» vai raksturu. Mēs mantojam savas rakstura iezīmes no saviem vecākiem. Tas ko mēs redzam, dzirdam un uzzinām, kopā ar mūsu izjūtām, nogulsnējas mūsu apziņā.

Šī daba bieži tiek saukta par «sirdsapziņu», kura ļoti dažādi formējas dažādos ļaudīs – atkarībā no tā ar ko viņi satiekas, kādas grāmatas lasa, kādos apstākļos tiek audzināti. Piemēram, skatoties uz vienu un to pašu notikumu vai cilvēku, vieni teiks, ka tas ir «ļaunums», tajā pašā laikā citi var pateikt, ka tas ir «labi» vai «labs darbs.»

Tāpēc, kad mēs analizējam kāda sirdi, tajā ir taisnīgā daļa, kas pieder Dievam un netaisnā, kas ir sātana dota, un raksturs, kas formulējies šo divu daļu iespaidā.

Svētais Gars apvienojas ar dzīvības sēklu sirdī

Ādama gadījumā šīs trīs daļas sirdī apklāja dzīvības sēklu, kuru devis viņam Dievs. Tas ir stāvoklis par kuru Dievs teica «mirdams mirsi», kas piepildījās pēc tā, kad Ādams ēda laba un ļauna koka atzīšanas augli. Lai arī sirdī ir dzīvības sēkla, taču tā nefunkcionē, tā ne ar ko neatšķiras no mirušas.

Piemēram, kad jūs sējat laukā sēklu, ne visas tās dod asnus, tāpēc ka dažas sēklas ir mirušas. Taču ja sēklas dzīvas, tās obligāti uzdīgs.

Tāpat ir ar ļaudīm. Ja Dieva dotā dzīvības sēkla būtu pilnīgi nomirusi, to nevarētu atdzīvināt un tad Dievam nevajadzētu gatavot Jēzu Kristu cilvēces glābšanas misijai, nevajadzētu gatavot ne Debesis, ne elli.

Taču dzīvības sēkla, dota cilvēkam, kad Dievs iepūta viņā dzīvību, ir mūžīga. Kad mēs pieņemam Labo Vēsti, mūsos atdzīvojas dzīvības sēkla un, jo plašāka mūsu sirdī tā daļa, kurā atrodas patiesība, jo vieglāk mums pieņemt evaņģēliju. Katrs, kas dzird vārdu par krustu un pieņem Jēzu Kristu, saņem Svēto Garu. Šajā momentā dzīvības sēkla mūsu sirdī apvienojas ar Svēto Garu.

Un pretēji, cilvēkos, kuru sirdsapziņa nocietinājusies kā dzelzs, nav vietas, lai uzņemtu Evaņģēliju, tāpēc, ka sirds pilnībā pārņemta ar meliem un pārklājusi dzīvības sēklu to sirdīs. Dzīvības sēkla, atrodoties pamirušā stāvoklī, gūst spēku funkcionēt, tikai savienojoties ar vareno Dieva spēku, ar Svēto Garu.

Kļūt par garīgu cilvēku

Dievkalpojumu apmeklēšana, Dieva Vārda saprašana un lūgšanas atnesīs mums Dieva svētību un spēku, palīdzēs piepildīties ar Svēto Garu.

Pēc tā mēra, kā mēs atvairīsim nepatiesību un piepildīsim atbrīvojušos vietu ar patiesību, mūsu sirdis kļūs tīrākas, un mūsu sirdis un gars kļūs vienoti. Ja ticīgā sirds pilnībā piepildās ar gara un patiesības atziņu, tā pati kļūst par garu. Tā kā tas bija pirmajam cilvēkam Ādamam.

Mēs varam pat ārēji izskatīties kā ticīgie, taču, ja mēs nelūdzamies, mēs rīkojamies pēc savas dabas. Svētais Gars mūsos nevar dot garam dzimšanu, un mēs vēl aizvien paliekam miesīgi cilvēki. Un mēs arī nevarēsim līdzināties Svētā Gara dabai, ja nelauzīsim mūsu domāšanas un spriedumu stereotipus, kaut arī cītīgi vai ļoti ilgi lūdzamies. Tātad, mēs nevarēsim pārvērsties par garīgu cilvēku.

Svētais Gars dod iespēju mūsu sirdij domāt pēc patiesības. Tas ir mēs dzīvojam saskaņā ar Svētā Gara vēlmēm. Tādā pat veidā darbojas arī sātans, lai ievilinātu mūs uz iznīcības ceļa, kārdinot mūs sekot miesas vilinājumiem par tik, par cik mūsu sirds piepildīta ar meliem.

Tāpēc mums nepieciešams atbrīvoties no miesīgām domām un paštaisnības kā teikts 2. Vēstulē Korintiešiem 10:5: *«Mēs apgāžam prātojumus un visas augstprātīgās iedomas, kas paceļas pret Dieva atziņu un uzvaram visus prātus, lai tie ir Kristum paklausīgi.»*

Kad mēs pakļaujamies Dieva Vārdam, sakot «jā» un pildām

Svētā Gara vēlmes, mūsu sirdis varēs piepildīties ar patiesību, un tad mēs kļūsim pilnīgi apgaismoti garīgi cilvēki.

Jūs varēsiet saņemt visu, lai ko arī lūgtu

Mēs kļūstam vienoti ar To Kungu, atmetot visādus melus, sagraujot «paštaisnību», un tādā veidā dodot Svētajam Garam iespēju dzemdēt mūsos garu. Tā mēs darīsim mūsu sirdi tikpat tīru kā Kungam Jēzum Kristum.

Vīrietis un sieviete kļūst par vienu miesu un dāvā dzīvību bērnam savienojoties spermai ar olšūnu. Līdzīgi tam, kad mēs izejam no pasaules un savienojamies ar Jēzu Kristu, mūsu Līgavaini, pieņemam Viņu, mūsos piedzimst gars caur Svēto Garu, un mēs pārpilnībā saņemam svētības, kā Dieva bērni.

Kā teikts Vēstulē Romiešiem 12:3, eksistē ticības mērs, un mēs saņemam atbildes atbilstoši mums dotajam mēram. 1. Jāņa vēst. 2:12 un sekojošajos pantos ticības augšana salīdzināta ar cilvēka augšanas procesu.

Jēzu Kristu pieņēmušie saņem Svēto Garu un glābšanu, un tiem ir mazu bērnu mērs (1. Jāņa vēst. 2:12). Tiem, kuri cenšas īstenot patiesību darbībā, ir pusaudžu ticība (1. Jāņa 2:13). Pieaugot vēl un jau dzīvē īstenojot patiesību, viņi apgūst jauniešu ticību (2:13). Ja viņi vēl vairāk garīgi aug, to ticība kļūst kā tēvu ticība (2:13).

Vecajā Derībā jūs lasāt par Ījabu un par to, ka Dievs atzina viņu par nevainojamu un taisnu. Taču, kad sātans par to sāka šaubīties Dievs pieļāva tam pārbaudīt Ijabu. No sākuma Ījabs uzstāja uz savu taisnīgumu. Tomēr drīzumā, kad pārbaudījuma rezultātā parādījās viņa dabas ļaunums, viņš atzina savu negodīgumu un nožēloja Dieva priekšā savus grēkus. Ījaba paštaisnība bija sagrauta, viņa sirds kļuva Dieva acīs taisna un tīra.

Tāpat arī mēs uzvarot paštaisnību, iegūsim ticības tēvu mēru, visaugstāko ticības mēru un būsim vienoti ar To Kungu, varēsim saņemt bagātīgas svētības, kā Dieva bērni. Tieši to apsolīja Dievs Jāņa 1. vēstulē 3:21-22: «*Mīļie, kad mūsu sirds nepazudina mūs, tad mums ir paļāvība uz Dievu, Un visu, ko Mēs lūdzam, to saņemam no viņa, jo mēs turam viņa baušļus un darām to, kas viņam patīkams.*»

Jūs varat priecāties par svētībām, kā Dieva bērni

Tādā veidā jūs kļūstat vienoti ar Jēzu Kristu tādā mērā, kādā esat gara cilvēks. Par cik jūs sasniegsiet Dieva taisnību, par tik jūs tāpat saņemiet svētības no tā, ka jūs esat vienoti ar Dievu.

Jēzus mums Jāņa Evaņģēlijā 15:7 apsolīja: «*Ja jūs paliekat manī, un mani vārdi paliek jūsos, jūs varēsiet lūgt, ko gribat, – tas jums notiks.*» Turpat 17:21 Viņš teicis mums: «*Lai visi ir viens, un kā tu, Tēvs, manī, un es tevī, lai arī viņi ir mūsos, lai pasaule ticētu, ka tu mani esi sūtījis.*»

Tātad, ja jūs nesekojat pasaulei, kuru vada sātaniskais tumsas spēks, bet tiecaties tuvoties Tam Kungam, jūs kļūstat vienoti ar Dievu Tēvu. Par to mēs lasām Vēstulē Galatiešiem 4:4-7:

Bet, kad laiks bija piepildījies, tad Dievs sūtīja savu Dēlu, dzimušu no sievas, noliktu zem bauslības. Lai

izpirktu tos, pār kuriem valdīja bauslība, ka mēs iegūtu
bērnu tiesības. Bet, ka jūs esat bērni, to ir Dievs
apliecinājis, sūtīdams savu Dēla garu jūsu sirdīs, kas
sauc: «Abba-Tēvs!» Tā tad tu vairs neesi kalps, bet
bērns, bet ja bērns, tad arī caur Dievu mantinieks.»

Tāpat kā ļaudis manto savu vecāku īpašumus, viņi pieņemot
Jēzu Kristu un kļūstot par Dieva bērniem manto Dieva Valstību.
Tāpat sātana bērni manto sātana elli, bet Dieva bērni manto
Dieva Debesis.

Tāpēc mums jāatceras, ka tos, kas nav piedzimuši no Svētā
Gara, priekšā gaida elle, tāpēc, ka Debesis ir tīra vieta, piepildīta
tikai ar taisnību. Un kādā mērā mūsu gars uzplaukst un kļūst
vienots ar Dievu, par tik godu mēs saņemsim atnākot mājvietā
Dieva Debesīs.

Tāpēc es ceru, ka jūs saņemsiet mūžīgās dzīves svētības,
pieņemot Jēzu Kristu mūsu Līgavaini un kļūsiet vienoti ar
Kungu Jēzu Kristu un Dievu Tēvu, pateicoties tam, ka atmetāt
visādu netaisnību un augstprātību. Ar to jūs varēsiet dot visu
godu Dievam.

Melīgi skaidrojumi neved pie glābšanas

Jēzus Kristus kļūst par mūsu patieso Līgavaini, un Viņš ved
mūs pie mūžīgās dzīves un svētībām, ja caur savu ticību mēs
apvienojamies ar Viņu. Ja jūs kļūstat līdzīgi jūsu Līgavainim,
Jēzus Kristus sirdij un iegūstat pilnīgu ticību, jūs ne tikai

mantosiet Debesu Valstību, bet arī paši tur mirdzēsiet kā saule. Ja jūs uzmanīgi izlasīsiet Bībeli, jūs atklāsiet, ka daži no tiem, kas apgalvo, ka tic Dievam, nav glābti. Mateja ev. 25. nodaļā ir līdzība par desmit jaunavām. Piecas gudras jaunavas, kas bija iegādājušās eļļu, bija glābtas, bet citas piecas negudrās nevarēja saņemt glābšanu.

Tā Tas Kungs mums skaidri runā caur Bībeli, kurš no tiem, kas apgalvo ka tic varēs un kurš nevarēs tikt glābts. Jūs tad uzzināsiet, kādu jums jādzīvo dzīvi, lai iegūtu glābšanu. Mateja evaņģēlijā 7:21 skaidri teikts: *«Ne ikkatrs, kas uz mani saka: Kungs! Kungs! ieies debesu valstībā, bet tas, kas dara mana debesu – Tēva prātu.»* Ja jūs piesaucat Jēzu ar vārdiem «Kungs, Kungs» tas nozīmē, ka ticat tam, ka Jēzus ir Kristus. Tomēr jūs nevarat būt glābti, tikai piesaucot Tā Kunga vārdu un svētdienās apmeklējot baznīcu.

Likuma pārkāpēji nevar būt glābti

Dievs Mateja ev. 13:40-42 stāsta mums par sodu:

«Tad nu tā kā nezāli salasa un ugunī sadedzina, tā arī notiks pasaules pastarā galā. Cilvēka Dēls izsūtīs savus eņģeļus, un tie salasīs no viņa valstības visas apgrēcības un tos, kas dara netaisnību. Un tos metīs degošā ceplī: tur būs raudāšana un zobu trīcēšana.»

Kad zemkopis pļauj, viņš salasa kviešus klētī, bet salmus sadedzina. Dievs saka mums, ka tāpat arī vajadzēs saņemt sodu tiem, kas ir netaisni Dieva acīs.

«Viss, kas veicina grēku» attiecas uz visiem tiem, kas apgalvo, ka tic Dievam, bet paši kārdina ticības brāļus un māsas, un veicina to ticības zaudēšanu. Jūs nesaņemsiet glābšanu, ja provocēsiet ļaudis uz grēku un ļaunumu.

Kas tad ir ļaunums? 1. Jāņa vēstulē 3:4 teikts: *«Katrs, kas dara grēku, dara arī netaisnību grēks ir netaisnība.»*

Kā katrai valstij ir savs likumu krājums, tā ir garīgie Likumi arī Debesu Valstībā. Garīgās valsts likums ir Dieva Vārds, kas rakstīts Bībelē. Par Dieva Vārda pārkāpšanu soda tāpat, kā soda likumpārkāpējus likums. Tāpēc Dieva Vārda pārkāpšana ir ļaunums un grēks.

Dieva likumus var nosacīti dalīt četrās kategorijās: «darīt», «nedarīt», «glabāt», «atmest.» Tā kā Dievs ir Gaisma, Viņš pavēl saviem bērniem darīt to, kas ir pareizi, nedarīt to, kas nepareizs, izpildīt Dieva bērna pienākumus, atmest to, kas pretīgs Dievam, tāpēc, ka Viņš vēlas, lai Viņa bērni dzīvotu Gaismā. 2. Mozus grām. 10:12-13, Dievs aicina mūs: *«Un tagad Izraēl, ko Tas Kungs, tavs Dievs, no tevis prasa? Neko citu kā vienīgi bīties To Kungu, savu Dievu, staigāt visur Viņa ceļos. Viņu mīlēt un Tam Kungam savam Dievam, kalpot ar visu savu sirdi un visu savu dvēseli, turēt visus Tā Kunga baušļus un Viņa likumus, ko es šodien pavēlu tev par labu.»* No vienas puses mēs saņemam svētības, ja sākam pildīt Vārdu. No otras puses, ja nedzīvojam pēc Viņa Vārda, tad grēks un ļaunums aizvedīs mūs pie mūžīgās nāves.

Vēstule Galatiešiem 5:19-21 norāda uz miesas darbiem:

«Bet zināmi ir miesas darbi: tie ir netiklība, nešķīstība, izlaidība, elku kalpība, burvība, ienaids, strīdi, nenovīdība, dusmas, ķildas, šķelšanās, nesaticība, skaudība, dzeršana, dzīrošana un tamlīdzīgas lietas, par kurām es iepriekš saku, kā jau esmu senāk sacījis: tie kas tādas lietas dara, nemantos Dieva Valstību.»

«Netiklība un nešķīstība» šeit attiecas pret jebkura dzimumizlaidību, veselā saprāta trūkumu, ieskaitot pirmslaulību dzimumattiecības. «Izlaidība» ir domāta nekārtīga rīcība, kas iziet no veselā saprāta rāmjiem, un ir grēcīgās dabas rezultāts. «Nesātība» pastāvīga sekošana jūsu grēcīgām iegribām, dzimumizlaidībai, nešķīstībai. «Elku kalpība» – zemošanās cilvēku roku veidotām statujām no zelta, sudraba, bronzas vai citiem materiāliem, vai mīlestība pret jebko, lielāka nekā pret Dievu. «Burvestība» – tas ir viltīgi gudrs un smalks cilvēku apmāns. «Ienaids» – vēlēšanās iznīcināt cilvēku aiz jūtām, kas pretējas mīlestībai. «Strīdi» – darbība, lai gūtu personīgu labumu un varu. «Nenovīdība» – domāts naids pret citu cilvēku par to, ka jums liekas, ka viņš labāks par mums. «Naids» – ne vienkārši ļaunums, bet zaudējumu radīšana citiem, kā galēja niknuma sekas. «Šķelšanās» – īpašas grupas vai komandas radīšana, lai izpildītu sātana intrigas un radītu nesaskaņas ar citiem. «Kārdinājumi» nošķiršanās no visiem, lai īstenotu savus paša nodomus, bet ne Svētā Gara nodomus. «Maldi» Dieva Trīsvienības un Jēzus miesā atnākšanas un Savu Asiņu izliešanas, lai izpirktu cilvēces grēkus un kļuvušu par Kristu noliegšana.

«Ienaids» ir zaudējumu radīšana vai rīkošanās darbojoties pret kādu aiz skaudības. «Dzeršana» pārmērīga alkohola lietošana, bet «dzīrošana» nozīmē ne tikai dzeršanu, izdabāšanu savām vēlmēm, pašdisciplīnas trūkumu, bet arī nespēja pildīt savus laulātā vai vecāku pienākumus.

Un vēl «lietas līdzīgas tām» nozīmē daudzumu tādas pat grēcīgas rīcības un, kas tās dara netiks glābti.

Grēki, kas ved pie nāves un grēki, kas neved pie nāves

Šajā pasaulē «grēks» skaitās «grēks», tikai tad, kad šī grēka rezultātā rodas redzams un fizisks zaudējums, kas radies otrai pusei un apstiprināts neapgāžamiem pierādījumiem. Taču Dievs, kas ir Gaisma saka mums, ka ne tikai grēcīgi darbi, bet arī katra tumsa pret gaismu ir grēks.

Lai arī tie nav atklāti vai tam nav liecinieki, taču visas mūsu sirds grēcīgās vēlmes, tādas kā ienaids, skaudība, greizsirdība, iegribas, citu nosodīšana, apvainošana, cietsirdība un negodīgums domās tāpat ir grēks.

Tāpēc Dievs mums saka: *«Bet Es jums saku: ikviens, kas uzskata sievu, to iekārodams, tas ar viņu laulību jau ir pārkāpis savā sirdī»* (Mateja ev. 5:28) un *«Katrs, kas savu brāli ienīst, ir slepkava, un jūs ziniet, ka neviens slepkava nepatur sevī mūžīgo dzīvību»* (1. Jāņa vēst. 3:15). Vēl arī Vēstulē

Romiešiem 14:23 teikts: «*Bet tas, kas šaubīdamies ēd, ir jau nosodīts, jo tas to nedara ticībā. Bet viss, kas nenāk no ticības, ir grēks*». Bet Jēkaba vēstulē 4:17, mēs lasām: «*Tad nu, kas zina labu darīt un to nedara, tam tas ir par grēku.*» Tāpēc mums vajag saprast, ka nepildīt Dieva baušļus tas ir grēks un likumpārkāpums.

Vai tiešām visi, kas sagrēkojuši nomirs? Jums nepieciešams saprast, ka cilvēks, kas dzīvo dzīvi ticībā, ja iepriekš viņš meloja, bet tagad lūdzas un cenšas kļūt par godīgu cilvēku. Lai arī pat viņš vēl pilnībā nav izmetis negodīgumu no savas sirds savas vājās ticības dēļ, tas vēl nenozīmē, ka viņš netiks glābts.

1. Jāņa vēst. 5:16-17 saka mums: «*Ja kāds redz savu brāli darām grēku, kas nav nāves grēks, tas, lai lūdz Dievu, un viņš tam dos dzīvību, proti tādiem, kas nedara nāves grēku. Ir nāves grēks, par to es nesaku, lai lūdz. Katra netaisnība ir grēks, bet ir grēks, kas nav nāves grēks.*»

Grēku lielākā daļa dalās divas kategorijās: uz nāvi vedošie un uz nāvi nevedošie. Ļaudis, kas dara grēkus, kas neved pie nāves var būt glābti, ja mēs uzmundrināsim tos, lūgsimies par viņiem un palīdzēsim tiem nožēlot viņu grēkus. Taču, ja cilvēks izdarījis grēku, kas ved uz nāvi, viņš nevar glābties, pat, ja par viņu lūdzas.

Ļaudis, kas šķiet godīgi, reizēm melo sava izdevīguma pēc, vai izdara negodīgu rīcību, kaut gan pati par sevi šī rīcība nedara kaitējumu apkārtējiem. Uzzinot patiesību, jums jāatzīst, ka jūs bijāt grēcinieki, kaut arī domājāt, ka dzīvojat pareizu dzīvi līdz tam, kā noticējāt Dievam. Dievs parāda mums ne tikai acīmredzamus grēkus, bet arī ļaunos mūsu siržu nodomus, un visi viņi izrādās ir grēks.

Visi pārkāpumi – tie ir grēki, bet to alga ir – nāve. Taču Jēzus Kristus piedevis visus mūsu pagātnes, tagadnes un nākotnes grēkus, izlejot Savas asinis pie krusta. Ir grēki, kuri tiek piedoti Jēzus asiņu spēkā, kad mēs nožēlojam un novēršamies no tiem. Šie grēki neved pie nāves. Ja mēs nenožēlojam, bet turpinām grēkot, mūsu sirdsapziņa nocietinās. Un gala rezultātā, mēs nevaram saņemt grēku nožēlas garu, ja veicam grēku, kas ved pie nāves. Tādā veidā mūsu grēki nevar tikt piedoti, pat ja mēs pūlamies tos nožēlot.

Tagad izskatīsim trīs grēka tipus, kas ir vedošie pie nāves, zaimi pret Svēto Garu, daudzkārtēja ļaužu klātbūtnē Dieva Dēla nonicināšana, apzināta grēkošana.

Zaimi pret Svēto Garu

Vajag atcerēties trīs momentus, kad runa iet par Svētā Gara zaimošanu. Jūs zaimojat garu, ja aprunājat Svēto Garu, pretojaties Svētā Gara darbiem un zākājot Svēto Garu.

«Tāpēc es jums saku: ikkatru grēku un ikkatru zaimošanu cilvēkiem piedos, bet Gara zaimošanu nepiedos. Un kas ko runā pret Cilvēka Dēlu, tam tas tiks piedots, bet, kas ko runā pret Svēto Garu, tam tas netiks piedots ne šinī, nedz nākošā mūžā» (Mateja ev. 12: 31-32).

«Un katrs, kas teiks ko pret Cilvēka Dēlu, tam to piedos. Bet tam, kas zaimo Svēto Garu, tam to

nepiedos» (Lūkas 12:10).

Pirmkārt «aprunāt citus» nozīmē apmelot tos un pretoties to darbam.

«**Izteikties pret Svēto Garu**» – tas ir ar nodomu pretoties Dieva Valstības nodibināšanai, būt traucēklim Svētā Gara darbiem pēc paša izvēles un vēlēšanās. Piemēram, par izteicieniem pret Svēto Garu skaitīsies mēģinājumi pretoties Dieva darbiem, tāpēc ka tie nesakrīt ar jūsu saprašanu, kaut gan tie ir Svētā Gara darbi.

Ja jūs nosodāt Dieva kalpu kā viltus mācītāju, bet viņš nav tāds un pretojaties Svētā Gara darbiem, tad šis grēks ir tik briesmīgs Dieva priekšā, ka nevar tikt piedots. Tāpēc jums vajag mācēt atšķirt garus atbilstoši patiesībai.

Protams, jums vajag mācīt ļaudīm piesardzību un noraidīt tos, kas kūda citus pieņemt ļaunus garus un ir tiešām viltus mācītāji Dieva acīs. Vēstulē Titam 3:10 teikts: *«Cilvēku, kas turas pie maldus mācības, vienreiz un otrreiz pamācījis, noraidi.»*

Šodien daudz ļaužu nosoda dažas baznīcas, kā maldīgas vai reizēm pat vajā tās, neskatoties uz to, ka tās atzīst Dieva Trīsvienību, un tām seko Svētā Gara darbi. Tādi ļaudis nav spējīgi atpazīt grēku. Lai arī viņi paziņo par savu ticību Dievam, viņiem nav pietiekoši bībelisko zināšanu par maldiem. Reizēm viņi pat neko nezin par viltus mācību noteikšanu.

Citu vajāšanā no pareizu zināšanu trūkuma, lai vajātājiem tiktu piedots pietiek ar to grēku nožēlu un atteikšanos no grēka. Taču, ja viņi pretojas Dieva darbiem ar ļauniem nodomiem un no skaudības, zinot, ka tie ir Svētā Gara darbi, tad viņiem nevarēs tikt piedots nekad.

Bībelē var atrast tam piemēru. Marka Evaņģelijā 3. nodaļā, kad Jēzus darīja apbrīnojamas zīmes un brīnumus, Viņa skauģi izlaida baumas, ka Viņš ir traks. Šīs runas izplatījās tik plaši, ka Viņa ģimenes locekļi atnāca no tālienes, lai aizvestu Viņu no ļaudīm.

Raksta mācītāji un farizeji kritizēja Jēzu par to, ka *«Viņam ir Belcebuls, un viņš izdzen ļaunos garus ar ļauno garu virsnieka palīdzību»* (Marka 3:22). Viņiem bija precīzas Dieva Vārda zināšanas. Viņi ļoti labi zināja Baušļus un mācīja tos ļaudīm, bet tomēr viņi pretojās Dieva darbiem aiz savas greizsirdības un skaudības pret Jēzu.

Otrkārt, «pretošanās Svētā Gara darbiem» attiecas uz nevērību pret Svētā Gara balsi ko dāvājis Dievs, apvainojot un nosodot Svētā Gara darbus, vai mēģinot radīt kaitējumu citiem ļaudīm.

Piemēram, izteicieni pret Svēto Garu, kas izpaužas mēģinot izplatīt baumas un dokumentu viltošanu, mācītāju vai baznīcu nosodīšana, kas ir Svētā Gara darbi, saucot tos par «viltus» mācītājiem ar mērķi pretoties garīgajām atmodas un pielūgsmes sapulcēm.

Ko tad nozīmē frāze: «Katram, kas ko teiks pret Cilvēka Dēlu tiks piedots?» «Cilvēka Dēls» šajā pantā – tas ir Jēzus, atnācis uz šo pasauli cilvēka veidā un piesists krustā.

«Runāt pret Cilvēka Dēlu» nozīmē izrādīt nepaklausību Jēzum, zinot un atzīstot Viņu tikai kā cilvēku, tāpēc ka Viņš atnācis miesā. Nespēja atzīt Jēzu kā Glābēju var izskaidrot ar nezināšanu. Tādā gadījumā jums būs piedots un varēsiet izglābties, ja no sirds nožēlosiet grēkus un pieņemsiet To Kungu.

Tādā veidā, ja jūs esat izdarījuši tādu grēku aiz patiesības nezināšanas vai līdz Svētā Gara iegūšanai, Dievs dod jums iespēju nožēlot grēkus un no jauna tikt piedotam.

Tomēr, ja jūs neklausat un pretojaties Tam Kungam, skaidri zinot, kas ir Jēzus Kristus, tad jums vajag apzināties, ka jums nekad netiks piedots, jo tas ir līdzvērtīgi Svētā Gara zaimošanai un pretošanos Viņa darbiem.

Treškārt, Dieva zaimošana tāpat nozīmē zākāt visu dievišķo, svēto un tīro. Zaimot Svēto Garu tāpat nozīmē zākāt Svēto Garu, Dieva Garu, Viņa dievišķību. Tie kas apmelo Svēto Garu, redzot Dieva darbos sātaniskas intrigas, bet intrigās – Svētā Gara darbu, dara negodu Dieva mūžīgajam spēkam un būtībai. Un vēl, sludinot, ka patiesība ir meli, bet meli – patiesība, nosodot patiesību kā maldus, viņi tāpat veic Svētā Gara zaimošanu.

Senos laikos cilvēku, kurš ar vārdu un darbiem zaimoja ķeizaru, uzskatīja par valsts noziedznieku un sodīja ar nāvi.

Zaimi pret Svēto Visvarenā Dieva būtību, kas nav salīdzināma ne ar vienu no šīs zemes ķēniņiem, nekad nevar būt piedoti.

Pat Jēzus, kas bija pati Dieva būtība un atnāca uz šo pasauli miesā, nekad nevienu nenosodīja. Ja jūs vēl joprojām nosodāt brāļus un māsas un vēl vairāk, ja uzbrūkat Svētā Gara darbiem, tad cik gan briesmīgs būs šis grēks! Ja jūs staigājat dievbijībā, tad nekad nevarēsiet apkaunot, pretoties vai iebilst Svētajam Garam.

Tāpēc mums vajag apzināties, ka šie grēki nevarēs tikt piedoti ne šajā laikā, ne nākotnē un jums vajadzīgs atturēties no tiem. Pat ja mēs agrāk esam darījuši tādu grēku, mums vajag meklēt Dieva žēlastību un nožēlot to no visas savas sirds.

Dieva Dēla nonicināšana ļaužu priekšā

Dieva Dēla ķengāšana ļaužu priekšā, kā aprakstīts vēstulē Ebrejiem, 6. nodaļā līdzinās jaunai Viņa krustā sišanai sevī un ved pie nāves.

«Jo ir neiespējami tos, kas reiz apgaismoti un baudījuši Dieva dāvanas, un kļuvuši Svētā Gara dalībnieki un baudījuši labo Dieva vārdu un nākamās pasaules spēkus, un krituši, atkal vest pie atgriešanās, jo tie sev Dieva Dēlu sit krustā un liek smieklā» (4-6 p.).

Daži ļaudis atstāj baznīcu un Dievu, iekrīt šīs pasaules kārdinājumos un rada apkaunojumu Dievam, kaut arī viņi saņēmuši Svēto Garu, zina par Debesu un elles eksistenci un tic Patiesības Vārdam. Mēs runājam, ka viņi no jauna veic Dieva Dēla krustā sišanas grēku un nonicina Viņu ļaudīm dzirdot. Tāds cilvēks ne tikai izdara daudz grēku, ko iedvesīs sātans, bet arī noliedz Dievu, pakļauj vajāšanām un pazemojumiem baznīcu un ticīgos.

Tādi ļaudis jau atdevuši savu sirdsapziņu sātanam, un tāpēc to sirdis piepildījušās ar tumsu.

Tāpēc viņi pat nevēlas nožēlot grēkus, un grēku nožēlas gars nenolaidīsies uz tiem. Viņiem nebūs nekādu iespēju nožēlot grēkus, un tāpēc tie nekad nevarēs tikt piedoti.

Jūda Iskariots izdarīja tādu grēku. Viņš bija viens no divpadsmit mācekļiem. Viņš bija liecinieks daudzām zīmēm un brīnumiem, bet aiz alkatības nodeva Jēzu par trīsdesmit sudraba gabaliem. Vēlāk viņš sajuta sirdsapziņas pārmetumus un dziļi nožēloja izdarīto, taču grēku nožēlas gars nenonāca uz Jūdu. Viņa grēks nevarēja būt piedots un beigās viņš izdarīja pašnāvību, tāpēc ka nevarēja panest vainas apziņu (Mateja ev. 27:3-5).

Tīšie grēki

Pēdējais grēks, kurš ved pie nāves – tas ir apzināta grēka veikšana pēc patiesības atziņas saņemšanas.

«Jo ja mēs pēc patiesības atziņas saņemšanas tīši grēkojam, tad neatliek vairs upuris par grēkiem, Bet gan briesmīga tiesas gaidīšana un uguns karstums, kas aprīs pretiniekus» (Vēst. Ebrejiem 10:26-27).

«Pēc patiesības atziņas saņemšanas, tīši grēkojot» nozīmē atkārtot pārkāpumus, kurus Dievs nepiedod. Izņemot to, tas nozīmē grēkot atkal no jauna, zinot, ka darām grēku. Kā teikts: *«Bet viņiem ir noticis pēc sakāmā vārda patiesības: Suns atgriežas pie sava paša vēmekļiem, kā arī: cūka mazgājusies atkal vārtās dubļos»* (2. Pētera vēst. 2:22).

No vienas puses, kad Dāvids, kurš ļoti mīlēja Dievu, izdarīja laulības pārkāpumu, tas radīja daudzus citus grēkus un pieveda viņu pie savu pašu uzticamāko kareivju noslepkavošanas: Tomēr, kad pravietis Nātans uzrādīja viņa grēku, Dāvids nekavējoties to nožēloja.

No otras puses ķēniņš Sauls turpināja grēkot pat pēc tā, kad pravietis Samuels norādīja uz viņa grēkiem. Dāvids nožēloja un saņēma Dieva svētību, bet Sauls bija Dieva atstāts, tāpēc ka nenožēloja un turpināja grēkot.

Un vēl, Balaāms bija pravietis, kuram bija vara svētīt un nolādēt, bet vajadzēja viņam iet šīs pasaules pavadā dēļ bagātības un slavas, un viņu piemeklēja nožēlojams liktenis.

No vienas puses, Svētais Gars sirdīs, kas tīši dara grēku, apdziest, tāpēc ka Dievs novēršas no viņiem. Tad viņi zaudē savu ticību un dara ļaunumu un netaisnību, ko iedveš sātans. Beidzot Svētais Gars viņos pilnībā izzūd, un viņi nevar vairs izglābties, nav spējīgi nožēlot grēkus un to vārdi tiek izdzēsti no Dzīvības Grāmatas (Atklāsmes 3:5).

No otras puses, eksistē ļaudis, kuri turpina grēkot, tāpēc ka viņi pazīst Dievu tikai ar zināšanām, taču netic Viņam no visas sirds. To grēki var būt piedoti, un viņiem var tikt parādīts glābšanas ceļš, ja viņi centīgi un no visas sirds nožēlos un iegūs patiesu ticību.

Tāpēc mums vajag zināt, ka mēs nevaram izglābties, ja grēkojam tīši, no savas grēcīgās dabas, pat ja nekad neesam bijuši apgaismoti, ticējuši Debesu un elles esamībai un izjutuši Dieva svētību pārpilnību.

Es tāpat ceru, ka jūs pilnībā apzināties, ka visi grēki – tie ir likumpārkāpumi un tumsa, un, ka Dievs necieš tos, pat ja daži no tiem neved pie nāves. Lūdzu esiet gudri ticīgie, attīrieties no visa veida grēka.

Cilvēka Dēla Miesa un Asinis

Lai dzīvotu veselīgu dzīvi, nepieciešams pareizi uzņemt barību. Tieši tāpat, lai saglabātu veselīgu garu un iegūtu mūžīgo dzīvi, jums vajag ēst Cilvēka Dēla Miesu un dzert Viņa Asinis. Tagad jūs uzzināsiet, kas tas tāds Cilvēka Dēla Miesa un Asinis un, kāpēc mums vajag ēst Viņa Miesu un dzert Viņa Asinis, lai iegūtu mūžīgo dzīvi, kā par to runā Jāņa Evaņģēlijs 6:53-55:

«Bet Jēzus tiem sacīja: Patiesi, patiesi Es jums saku: Ja jūs neēdat Cilvēka Dēla Miesu un nedzerat Viņa Asinis; jums dzīvības nav sevī. Kas bauda Manu Miesu un dzer Manas Asinis, tam ir mūžīgā dzīvība un es to uzcelšu pastarā dienā. Jo Mana Miesa ir patiess ēdiens un Manas Asinis ir patiess dzēriens.»

Kas tas tāds Cilvēka Dēla Miesa?

Ar daudzu bībelisku līdzību palīdzību Jēzus atklāj mums Debesu noslēpumus un Dieva gribu. Ļaudīm, kuri dzīvo šajā trīsdimensiju pasaulē, ļoti grūti saprast un aptvert Dieva prātu, kas atrodas četrdimensiju pasaulē un augstāk. Un tā Jēzus salīdzināja to, kas Debesīs ar nedzīviem priekšmetiem, augiem, dzīvniekiem un dzīvi šajā pasaulē, lai palīdzētu mums labāk saprast dievišķo gribu.

Tieši tāpēc Jēzus, Vienīgais un Vienpiedzimušais Dieva Dēls salīdzināts ar klinti un zvaigzni, kam nav mēroga, ar «viendimensiju» vīnu, ar «divdimensiju» jēru un Cilvēka Dēla trīsdimensiju pasauli.

Jēzus nosaukts par Cilvēka Dēlu tāpēc, ka Cilvēka Dēla Miesa – tā ir Jēzus miesa.

Jāņa Evaņģēlijs 1:1, saka mums: *«Iesākumā bija Vārds, un Vārds bija pie Dieva, un Vārds bija Dievs.»* Un turpat 14. pants atzīmē, ka: *«Un vārds tapa miesa un mājoja mūsu vidū, un mēs skatījām Viņa godību, tādu godību, kā Tēva Vienpiedzimušā Dēla, pilnu žēlastības un patiesības.»*

Jēzus atnāca uz šo pasauli miesā kā Dieva Vārds. Tāpēc Cilvēka Dēla Miesa – tas ir Dieva Vārds, iemiesota patiesība un ar Cilvēka Dēla Miesas ēšanu ir domāta bībeliskā Dieva Vārda mācīšanās.

Kā ēst Cilvēka Dēla Miesu

Mozus grāmata 12:5 un nākošie panti attēlo Jēzu kā «Jēru»:

«Nevainojamu jēru, gadu vecu aunēnu jūs ņemiet; vai no avīm vai no kazām to ņemiet. Un glabājiet to līdz mēneša četrpadsmitajai dienai; tanī ap vakara laiku visai sapulcētai Jzraēla draudzei pareizi jānokauj. Tad paņemiet no šīm asinīm un apziediet abus durvju stabus un palodu namiem, kuros jūs to ēdīsiet.»

Visumā, daudzi ticīgie domā, ka «Jērs» apzīmē jaunos ticīgos, bet ja uzmanīgi lasa Bībeli, tad var skaidri redzēt, ka tas ir Jēzus simbols.

Jānis Kristītājs redzot pie viņa nākošo Jēzu, Jāņa Evaņģēlijā 1:29, teica: «*Redzi, Dieva Jērs, kas nes pasaules grēkus.*» Un apustulis Pēteris runāja par Jēzu, kā par Jēru savā 1. Vēstulē 1:19: «*Bet ar Kristus, šī bezvainīgā un nevainojamā jēra, dārgām asinīm.*» Un vēl bez šiem, ir daudzums citu pantu, kuros Jēzus salīdzināts ar Jēru.

Kāpēc Bībele salīdzina Jēzu ar Jēru? Jērs jeb jēriņš – tas ir pats lēnprātīgākais un paklausīgākais dzīvnieks. Viņš pazīst gana balsi un pakļaujas tai. Neviens nevarēs piemānīt jēriņu, pat, ja mēģinās atdarināt tā gana balsi. Ļaudis izmanto tā balto un maigo vilnu, pienu un gaļu.

Līdzīgi tam, kā jērs ziedo visu sevi cilvēku labā, Jēzus pilnībā paklausīja Dieva gribai un ziedoja sevi visu priekš mums visiem.

Jēzus atnāca uz šo pasauli, kaut arī viņa daba – dievišķa, sludināja Debesu Evaņģēliju, dziedināja slimības un vainas un bija krustā sists. Jēzus atdeva visu, lai izpirktu mūsu grēkus.

Jēzu salīdzina ar Jēru, tāpēc, ka Viņa raksturs un rīcība atgādina lēnprātīgu jēru, bet jēra ēšana simbolizē Jēzus Miesas ēšanu, tas ir Dieva Dēla Miesu.

Kā tad mums vajag ēst Cilvēka Dēla Miesu? Paskatīsimies 2. Mozus grām. 12:9-10, kur ir sekojoša instrukcija:

«*Neēdiet to jēlu, vai sutinātu ūdenī, bet tikai ugunī ceptu, galvu, lielus un iekšas. Un neatliciniet neko no tā līdz rītam, bet, kas līdz rītam atlicis, to sadedziniet ugunī.*»

Pirmkārt, jūs nedrīkstat ēst Dieva Vārdu jēlu

Ko nozīmē ēst Cilvēka Dēla Miesu «jēlu?»
Visumā lietot gaļu barībai jēlu ir slikti. Ja apēdīsiet jēlu gaļu var saindēties ar kādu infekciju un saslimt. Tieši tāpat Dievs pavēlējis jums neēst Dieva Vārdu nesagatavotu, tāpēc ka tas atnes kaitējumu.

Dieva Vārds ir sarakstīts pēc Svētā Gara iedvesmas, tāpēc jums vajag lasīt to un sagatavot savu garīgo barību tāpat Svētā Gara iespaidā.

Pie kā noved burtiska Dieva Vārda traktēšana? Visticamāk, jūs nepareizi sapratīsiet Dieva nodomus. Tāpēc «Dieva Vārds nesagatavots ēšanai» – nozīmē burtiska Bībeles skaidrošana.

Kā teikts Jāņa 1:1 *«Iesākumā bija Vārds»*, – Bībele satur Dieva sirdi un gribu, un viss piepildās pēc šī Vārda.

Dieva vārds stāsta mums, kā nokļūt Debesīs. Jums vajag pilnā mērā saprast Dieva Vārdu, lai iegūtu mūžīgo dzīvi. Un otrādi, miesas cilvēks nespēj ieraudzīt vai saprast garīgo pasauli.

Tāds cilvēks līdzinās tauriņam, kurš nezin par debesu eksistenci, atrodoties savā kokonā uz zemes. Viņš līdzinās cālēnam, kurš pat iedomāties nespēj par pasauli sev apkārt, sēžot savā vēl cietajā čaumalā. Vai mazulim, kurš neko nezin par pasauli atrodoties savas mātes miesās.

Tādā pat veidā, kamēr mēs atrodamies šajā miesīgajā pasaulē, jūs neko nezināt par garīgo pasauli.

Dievs saka jums, ka ir cita pasaule, kas atrodas aiz pierastās trīsdimensiju pasaules robežām. Un līdzīgi neizšķīlušajam cālēnam, kuram vajadzēs pārplēst čaumalu, jums vajag sagraut savus miesīgos uzskatus, lai saprastu garīgo pasauli un ieietu tajā.

Piemēram, Mateja ev. 6:6 teikts: «*Bet kad tu Dievu lūdz, tad ej savā kambarī, aizslēdz savas durvis un pielūdz savu Tēvu slepenībā; un tavs Tēvs, kas redz slepenībā, atmaksās to tev.*» Ja jūs mēģinātu traktēt šo pantu burtiski, tad vienmēr lūgtos savā istabā. Taču neviens no ticības tēviem nav lūdzies slepenībā savā istabā.

Jēzus nelūdzās savā istabā, bet, lai to darītu kāpa kalnā, kur pavadīja visu nakti (Lūkas 6:12). Viņš lūdzās no rītiem tuksnešainā vietā (Marka 1:25).

Arī, Daniels lūdzās trīs reizes dienā, atverot uz Jeruzalemi vērstos logus savā augšistabā (Daniela grām. 6:10), bet apustulis Pēteris kāpa uz mājas jumta, lai lūgtos (Apustuļu d. 10-9).

Ko tad nozīmē, Jēzus vārdi: «Ej savā kambarī, aizslēdz savas durvis.»

Šeit «kambaris» garīgā nozīmē simbolizē cilvēka sirdi. Tāpēc ieiešana slēgtā telpā nozīmē atteikšanos no savām domām un ieiešanu apslēptos sirds dziļumos, līdzīgi tam, kā mums jāiziet caur viesistabu, lai nokļūtu iekšējā mājas telpā. Tikai tad jūs varēsiet lūgties no visas sirds.

Ieejot iekšējās istabās, jūs esat izolējies no visa ārpusē. Tā arī lūgšanas laikā jūs aizverat visas laicīgās domas, nemieru un rūpes, lai lūgtos no visas savas sirds.

Un tā, jūs nedrīkstat ēst Cilvēka Dēla Miesu nesagatavotu. Jums nevajag saprast Dieva Vārdu burtiski. Tas nozīmē, ka jums vajag skaidrot Dieva Vārdu garīgi, pēc Svētā Gara iedvesma.

Otrkārt, neēdiet Dieva Vārdu sutinātu ūdenī

Ko nozīmē, «neēdiet gaļu sutinātu ūdenī?» Tas nozīmē, ka mēs nedrīkstam neko pievienot Dieva Vārdam, bet baudīt to tīru.

Nepareizi sludināt Dieva Vārdu piejaucot tur politiku, stāstus no sabiedriskās dzīves vai sižetus no vēsturisku personāžu dzīves.

Dievs – debess un zemes Radītājs un cilvēka dzīvības un nāves Valdītājs, kas sūta svētības un lāstus, ir visuvarens, un viņā nav nekāda trūkuma.

1. vēstulē Korintiešiem 1:25 teikts: *«Jo Dieva ģeķība ir gudrāka nekā cilvēki, un Dieva nespēks ir stiprāks nekā cilvēki.»* Tas rakstīts, lai mēs apzinātos, ka pat gudrākais un labākais no cilvēkiem nevar līdzināties Dievam.

Mēs nevaram pat pagūt sludināt par visu, kas rakstīts Bībelē, visas savas dzīves laikā. Tad kā gan mēs uzdrīkstamies jaukt svētrunās ļaužu valodas ar Dieva Vārdu?

Ļaužu runas ir mainīgas. Pat ja tajā ir kāda daļa patiesības, visa viņa arī bez tā, jau pateikta Bībelē, un pateikta ar Dieva gudrību.

Tāpēc pirmajai mūsu prioritātei pie bībelisko patiesību mācīšanas ļaudīm vajag būt tīram Dieva Vārdam. Protams, mēs esam tiesīgi pievest dažas līdzības, vai ilustrācijas, lai ļaudis varētu vieglāk saprast Dieva Vārdu un garīgās pasaules noslēpumus.

Mums vajag apzināties, ka tikai Dieva Vārds ir mūžīgs, pilnībā patiess un ved uz mūžīgo dzīvi. Tātad mums nevajag ēst Viņa Vārdu vārītu ūdenī.

Treškārt, jums vajag ēst Dieva Vārdu ceptu ugunī

Ko nozīmē «ēst ceptu ugunī, galvu un lielus un iekšas» (2. Mozus 12:9). Tas nozīmē, ka mums vajag baudīt Dieva Vārdu, Cilvēka Dēla Miesu, kā mūsu garīgo barību pilnībā, neko neizlaižot.

Piemēram, daži ļaudis šaubās par faktu, ka Mozus pārdalīja Sarkano jūru. Daži pat nepūlas lasīt 3. Mozus grāmatu, jo vecās derības upurēšana pārāk grūti saprotama. Citi runā, ka brīnumiem, ko darīja Jēzus, grūti noticēt un domā, šie brīnumi bija iespējami tikai 2 tūkstošus gadu atpakaļ. Viņi nepieņem daudz no tā, kas neatbilst cilvēciskajiem priekšstatiem un tiecas izvilkt no Rakstiem tikai morāles mācības.

Viņi pat nepūlas atcerēties par tādiem baušļiem, kā «mīli savu ienaidnieku», vai «izvairies no jebkura ļaunuma» tāpēc, ka sekošana šiem vārdiem tiem šķiet pārāk grūta. Vai viņi varēs būt glābti?

Tātad mums nevajag izvilkt no Bībeles tikai to, kas mums pašiem patīk, līdzīgi šiem neprašām. Mums vajag baudīt visu bībelisko Vārdu pilnībā, kas ir cepts ugunī no 1. Mozus grāmatas līdz Atklāsmes grāmatai.

Ko tad nozīmē Dieva Vārda «cepta ugunī» ēšana? Uguns šeit nozīmē – Svētā Gara uguns. Jums jābūt piepildītiem un Svētā Gara iedvesmotiem, kad lasāt un klausāties Dieva Vārdu, tāpēc, ka tas sarakstīts pēc Svētā Gara iedvesmas. Citā gadījumā paliek tikai zināšanas, bet ne garīgā barība.

Lai ēstu Dieva Vārdu ceptu uz uguns, jums vajag karsti

lūgties. Lūgšanas kalpo kā degviela, kura kļūst par avotu Svētā Gara pilnībai. Ja jūs baudāt Dieva Vārdu pēc Svētā Gara iedvesmas, tad tas ir saldāks par medu. Papildus tam, jūs nekad nenogursiet pat no pašām garākajām svētrunām, jo Dieva Vārds tik vērtīgs, un jūs mīlat to klausīties, līdzīgi briedim, kas steidzas pie kalnu avota, lai remdētu savas slāpes.

Tieši tā vajag baudīt Dieva Vārdu, gatavotu uz uguns. Tikai tā mēs varēsim saprast Dieva Vārdu, padarīt to par savu garīgo miesu un asinīm, saprast Dieva gribu un sekot tai. Tieši tā dzimst mūsu gars no Svētā Gara, pieaug ticība, un notiek mūsu pazaudētās Dieva līdzības atjaunošanās caur cilvēciskā pienākuma pilnības apgūšanu.

Taču, kad ēd Dieva Vārdu patvarīgi, neizcepot to ugunī, tas šķiet garlaicīgs. Viņi nespēj to iegaumēt, jo klausās to pārņemti ar savām domām. Viņi nav spējīgi ne pieaugt garīgi, ne iegūt patiesu dzīvību.

Ceturtkārt, jums nevajag atstāt Dieva Vārdu līdz rītam

Ko nozīmē pavēle: «Neatstājiet no tā nekā līdz rītam; bet to kas no tā paliek līdz rītam sadedziniet ugunī?»

Tas nozīmē, ka mums vajag ēst Cilvēka Dēla Miesu, Dieva Vārdu, naktī. Pasaule, kurā mēs tagad dzīvojam, – tā ir tumsas pasaule, ko kontrolē sātans un garīgā nozīmē šo laiku var nosaukt par nakti. Kad atgriezīsies mūsu Kungs, visa tumsa pazudīs, un viss kļūs redzams; pienāks rīts un atnāks Gaismas pasaule.

Tāpēc «neatstājiet neko līdz rītam» nozīmē, ka jums

jāapgūst Dieva Vārds, lai sagatavotu sevi, kā mūsu Kunga Līgavu līdz Viņa atnākšanai.

Bez tam, tuvu vai tālu atrodas Tā Kunga Otrā atnākšana, jums atvēlēti tikai 70-80 dzīves gadi un jūs nezināt, kad satiksieties ar To Kungu. Līdz Tā Kunga satikšanai jūs pieaugat garīgi pēc tā mēra, kā ēdat Cilvēka Dēla Miesu un dzerat Viņa Asinis.

Tāpēc jums cītīgi jāmācās Dieva Vārds un jāaug garīgi. Ja jums ir tēvu ticība, un jūsu gars pastāvīgi pieaug, tad jūs iegūsiet godu, līdzīgu mirdzošas saules gaismai blakus pie Dieva Troņa Viņa Valstībā, jo jūs pazināt mūžīgo Dievu, izaudzējāt deviņus Svētā Gara augļus un piepildījāt Svētības likumus, kļuvāt līdzīgi Dieva tēlam.

Cilvēka Dēla Asiņu dzeršana

Lai uzturētu dzīvību, mums vajag ne tikai uzņemt barību, bet arī dzert ūdeni. Ja atteiktos no ūdens, tad barības pārstrāde būtu neiespējama, un cilvēks mirtu. Nokļūstot kuņģī kopā ar šķidrumu, barība pārstrādājas, barības vielas uzsūcas, bet nederīgais izvadās.

Līdzīgā veidā, kad mēs ēdam Cilvēka Dēla Miesu, bet nedzeram Cilvēka Dēla Asinis, mēs nevaram to pārstrādāt. Tāpēc mēs varam iegūt mūžīgo dzīvi, tikai, ja ēdam Cilvēka Dēla Miesu un dzeram Viņa Asinis.

«Cilvēka Dēla Asiņu dzeršana» nozīmē darbos un ticībā sekot Dieva Vārdam. Pēc tam, kad mēs dzirdējām Dieva Vārdu, ļoti svarīgi rīkoties atbilstoši, jo tieši tāda ir ticība. Ja mēs nerīkojamies pēc Dieva Vārda, to dzirdot un uzzinot, tad no tā klausīšanās nav nekāda labuma.

Tāpat, kā barības pārstrādē derīgās vielas uzsūc organisms, bet nederīgās no tā iziet, Dieva Vārds, patiesība, tiek apgūta, bet nepatiesība izvadās, ja mēs darbos pildām Dieva Vārdu, lai attīrītu savas sirds netīrumus.

Kas tad tas tāds «apgūtā patiesība» un «atmestā nepatiesība?» Pieņemsim, mēs klausījāmies Dieva Vārdu, kas saka: «Neienīstiet, bet mīliet cits citu.» Ja jūs pārstrādājat savu barību un rīkojaties atbilstoši šim Vārdam, tad barojošā mīlestība tiks jūsu sirdī uzņemta, bet netīrumi, kas saucas «ienaids» izvadīti no tās. Jūsu sirdis attīrās un piepildās ar patiesību, tāpēc ka netīrie un nederīgie nodomi aiziet no tās.

Rīkojaties pēc Dieva Vārda uzklausot to

Taču, ja mēs nerīkojamies pēc Dieva Vārda, tad mēs nedzeram Cilvēka Dēla Asinis. Tāpēc Dieva Vārds kļūst priekš mums nekas vairāk, kā prāta zināšanas, un mēs nevaram izglābties, ja nepildām to.

Cilvēka Dēla Asiņu dzeršana, tas ir, darbos pildīt Dieva Vārdu, un to nevar paveikt tikai vienīgi ar mūsu pašu spēkiem. Mums vajag būt gribai un centībai, lai rīkotos pēc Viņa Vārda un tad, caur dedzīgu lūgšanu, iegūstam Dieva svētību, spēku un Svētā Gara palīdzību.

Ja mēs varētu atbrīvoties no grēka ar pašu spēkiem, Jēzum nevajadzētu mirt pie krusta un Dievam nebūtu vajadzības sūtīt

Svēto Garu.

Jēzus Kristus bija krustā sists, lai mūsu grēki būtu piedoti, tāpēc, ka paši mēs neesam spējīgi atrisināt grēka problēmu, un Dievs sūtīja Svēto Garu, lai palīdzētu mums savas netīrās sirds vietā iegūt tīru sirdi.

Svētais Gars, Dieva Gars palīdz Dieva bērniem dzīvot patiesībā un taisnībā. Tāpēc ar Svētā Gara palīdzību Dieva bērniem jādzīvo pēc Dieva Vārda un jāatbrīvojas no saviem grēkiem, iegūstot Dieva mīlestību un svētības.

Piedošana tikai pēc staigāšanas Gaismā

Pateikt, ka mēs ēdam Cilvēka Dēla Miesu un dzeram Viņa Asinis, nozīmē atzīt, ka mēs staigājam Gaismā, atbilstoši Dieva Vārdam. Taču par kādu rīcību šeit ir runāts? Mums vajag rīkoties Gaismā. Mēs pametam tumsu un dzīvojam Gaismā, kad ēdam Cilvēka Dēla Miesu, apgūstam to un iegūstam patiesu sirdi. Kad mēs staigājam Gaismā, Tā Kunga asinis nomazgā mūsu grēkus, pagātnes, tagadnes un nākotnes.

Pat, ja mums paliek vēl joprojām kādi nenomazgāti grēki, ja mēs tos nožēlojam no visas sirds Dieva priekšā, mūsu grēki būs piedoti pēc Dieva žēlastības. Tie kuri, patiesi tic Dievam un cenšas iegūt savu siržu taisnošanu, vairāk nebūs grēcinieki, bet taisnie, un viņi var būt glābti un tiem būs dāvāta mūžīgā dzīvība.

Dievs ir Gaisma

1. Jāņa vēstule 1:5 saka: «*Šī ir tā vēsts, ko esam no viņa dzirdējuši un pasludinām jums, ka Dievs ir gaisma, un viņā nav it nekādas tumsības.*»

Apustulis Jānis, šīs vēstules autors, mācījās tieši pie Jēzus, kurš atnāca uz šo pasauli, lai kļūtu par pasaules Gaismu un Ceļu pie Dieva.

Tāpēc Jāņa ev. 1:4-5 teikts par Jēzu: «*Viņā bija dzīvība, un dzīvība bija cilvēku gaisma, Gaisma spīd tumsā, bet tumsība to neuzņēma*», un «*Jēzus viņiem saka: Es esmu ceļš, patiesība un dzīvība; neviens netiek pie Tēva, kā vien caur mani*» (Jāņa 14:6).

Un tā, Jēzus mācekļi apliecināja to faktu, ka «Dievs ir Gaisma» caur Jēzu, un viņu svētruna adresēta mums saka: «Dievs ir Gaisma.»

Gaisma garīgi nozīmē patiesību

Kas tad ir «gaisma?» Garīgā nozīmē gaisma nozīmē patiesību, bet patiesība ir pretstats tumsai.

Dievs saka mums Vēstulē Efeziešiem 5:8: «*Jo reiz jūs bijāt tumsa, bet tagad esat gaisma savā Kungā! Dzīvojiet kā Gaismas bērni!*» Visi, kas dzirdējuši svētrunu par to, ka «Dievs ir Gaisma» un uzzinājuši no Dieva patiesību, var sākt mirdzēt un kļūt par gaismu šai pasaulei, dzenot prom tumsu.

Gaismas bērni rīkojas pēc patiesības un pienes Gaismas augļus. Tieši tāpēc Efeziešiem 5:9 teikts: «*Gaismas auglis viscaur ir labprātība, taisnība, patiesība.»* Garīgā mīlestība aprakstīta 1. Vēstulē Korintiešiem, 13. nodaļā, un Svētā Gara augļi ir tādi, kā mīlestība, prieks, miers, pacietība, labestība, žēlsirdība, ticība, lēnprātība un atturība – tā ir Svētā Gara augļu būtība.

Tāpēc Gaisma apzīmē visu Patiesības Vārdu par labestību, žēlsirdību, taisnīgumu un mīlestību, kā «Mīliet cits citu», «Lūdzieties», «Svētījiet sabatu», «Pildiet Desmit baušļus», kurus Dievs pavēlējis Bībelē.

Tumsa garīgi nozīmē grēks

Tumsa nozīmē stāvokli, pie kura nav Gaismas, un garīgā nozīmē tas ir – grēks.

Visa netaisnība ir pretēja patiesībai, kā rakstīts Vēstulē Romiešiem 1:28-29: *«Tad nu tāpat, kā viņi nav turējuši cieņā viņiem doto Dieva atziņu, Dievs viņiem licis krist necienīgās tieksmēs, ka viņi dara to, kas neklājas. Tie piepildījuši savu dzīvi ar visādiem netikumiem: netiklību, mantkārību, ļaunprātību, iestiguši skaudībā, slepkavībās, ķildās, viltībā, ļaundabībā.»* Viss tas ir tumsa.

Bībele liek mums novērsties no visa, kas pieder tumsai, ieskaitot zagšanu, slepkavošanu, laulības pārkāpšanu un visādu ļaunumu.

No vienas puses, daži ļaudis apgalvo, ka ir Dieva bērni, kaut arī viņi neseko Dieva pavēlēm, bet rīkojas tieši tā, kā Dievs neļauj rīkoties. Tumsas pavēlnieks ir ienaidnieks – sātans un velns, un tie pieder šai pasaulei un tāpēc nekad nevarēs būt tur, kur ir

Gaisma. Tieši tāpēc staigājušie tumsā neieredz Gaismu un dzīvo tālu no tās. No otras puses, patiesiem Dieva bērniem, Kurš ir Gaisma un Kurā nav tumsas, vajag atteikties no tumsas un staigāt Gaismā. Tikai tad mēs varēsim būt sadraudzībā ar Dievu un iegūsim uzplaukumu visā.

Kas liecina par sadraudzību ar Dievu

Parasti starp vecākiem un to bērniem ir ļoti ciešas attiecības, kas balstās mīlestībā. Tikpat dabiski priekš mums, ticīgajiem Jēzū Kristū ir būt sadraudzībā ar Dievu, mūsu gara Tēvu (1. Jāņa vēst. 1:3).

Sadraudzība šeit nozīmē ne tikai pazīt vienam otru, bet arī savstarpēju saskarsmi. Jūs nevarat sacīt, ka jums ir sadraudzība ar prezidentu, pat ja daudz par viņu zināt. Tas pats attiecas arī uz jūsu attiecībām ar Dievu. Lai iegūtu patiesu sadraudzību ar Dievu jums ne tikai vajag zināt par viņu, bet arī Viņam jāatzīst jūs.

1. Jāņa vēstule 1:6-7 saka: «*Ja mēs sakām, ka mums ir sadraudzība ar viņu un dzīvojam tumsībā, tad melojam un nedarām patiesību. Bet ja mēs dzīvojam gaismā, kā viņš ir gaisma, tad mums ir sadraudzība savā starpā, un viņa dēla Jēzus asinis šķīsta mūs no visiem grēkiem.*»

Tas nozīmē, ka sadraudzība ar Dievu mums būs tikai tad, kad mēs atbrīvosimies no grēkiem un staigāsim Gaismā. Ja jūs runājat, ka jums ir attiecības ar Dievu, bet paši rīkojaties un dzīvojat tumsā, tad tie ir meli.

Būt sadraudzībā ar Dievu – nozīmē garīgu un patiesu saskarsmi, bet ne bezdievīgu saskarsmi, kad jūs pazīstat Viņu tikai ar savu prātu. Jums jākļūst par Gaismu, lai iegūtu saskarsmi ar Dievu, tāpēc ka Viņš ir Gaisma. Svētais Gars, Dieva sirds, skaidri māca mums Dieva gribu, ja mēs staigājam patiesībā, tad mums būs arvien dziļāka sadraudzība ar Dievu, kad mēs lasām Dieva Vārdu un lūdzamies.

Ja staigājat tumsā

Jūs melojat, ja apgalvojat, ka jums ir saskarsme ar Dievu, bet staigājat tumsā un grēkojat. Tā nav staigāšana patiesībā, un jūs noteikti iesiet pazušanas ceļu.

1. Samuēla grāmatā, 2. nodaļā rakstīts, ka pravieša Ēļa dēli bija nelietīgi cilvēki un darīja grēku. Viņam vajadzēja tos sodīt, bet viņš tikai brīdināja tos: *«Kādēļ jūs darāt tādas lietas? Nedariet tā?»* (23 p.)

Beigu beigās pret tiem vērsās Dieva dusmas. Divi Ēļa dēli krita kaujas laikā, bet Ēlis nokrita no sēdekļa pie vārtiem, lauza kaklu un nomira. Dieva dusmas tāpat nonāca pār viņa pēcnācējiem (1. Samuēla 2:27-36, 4:11-22).

Tāpēc vēstulē Efeziešiem 5:11-13 teikts: *«Nepiedalieties neauglīgajos tumsības darbos, bet labāk celiet tos gaismā. Protams, ko viņi slepenībā dara, par to pat kauns runāt. Bet visu, kas tiek gaismā celts, apspīd gaisma, un viss ko apspīd gaisma, ir gaisma.»*

Ja ir kāds, kas apgalvo, ka tam ir tuvas attiecības ar Dievu, bet viņš nestaigā Gaismā, tādu vajag pamācīt ar mīlestību. Ja viņš tomēr nenāk Gaismā, jums vajag viņu norāt un izvest Gaismā, lai viņš neatrastos uz pazušanas ceļa.

Piedošana caur staigāšanu Gaismā

Pasaulē ir likumi, un ja cilvēks tos pārkāpj, viņu soda atbilstoši izdarītajam pārkāpumam. Tomēr viņš nevar nesajust vainas apziņu savā sirdsapziņā, tāpēc ka kaitējums jau izdarīts, neskatoties uz to, ka viņš samaksājis par izdarīto un izcietis sodu.

Līdzīgi tam, mums vēl joprojām ir grēcīgā daba sirdī, pat pēc tā, kad pieņēmām Jēzu Kristu, saņēmām grēku piedošanu un tikām pasludināti par taisniem. Tāpēc Dievs pavēl mums apgraizīt savu sirdi, lai nejustu savā sirdī vainas sajūtu pat savā sirdsapziņā.

Kā teikts pravieša Jeremijas grāmatā 4:4: «*Apgraizieties Tam Kungam un nometies savas sirds priekšādu, Jūdu vīri un Jeruzālemes iedzīvotāji, lai Manas dusmas neuzliesmo pārmērīgi strauji un neiedegas, tā ka neviens nevarētu tās vairs apdzēst jūsu bezgodīgo ļauno darbu dēļ.*»

Apgraizītās sirdis nozīmē ādas nogriešanu no savas sirds. Apgriezt ādu no sirds nozīmē sekot Dieva pavēlēm Bībelē: darīt to, atturēties no cita, kaut ko glabāt, bet kaut ko iznīdēt sevī. Citiem vārdiem, tas nozīmē novērsties no visa, kas pretojas Dievam: ienaida, ļaunuma, negodīguma, likumpārkāpumiem un tumsas, attīrot savu sirdi un piepildot to ar patiesību.

Tāpēc jums vajag centīgi darīt Dieva Vārdu par savu barību, apgūt to, rīkojoties pēc Vārda un atbrīvoties no netīrības, tas ir ļaunuma un nepatiesības, kas pieder tumsai. Kad jūs apgraizīsiet savu sirdi, jūs varēsiet garīgi pieaugt. Kad jūs kļūsiet par garīgu un taisnu cilvēku, iztīrot no sevis visus grēkus un ļaunumu kā netīrumus, jūs iegūsiet sadraudzību ar Dievu. Tad Jēzus Kristus asinis varēs nomazgāt jūsu grēkus, tāpēc ka jums ir tāda saskarsme.

Tāpēc jums vajadzīgs ne tikai pieņemt Jēzu Kristu un būt taisnam, bet tāpat mainīties par patiesi taisnu cilvēku, baudot Cilvēka Dēla miesu un asinis un apgraizot savas sirdis.

Ticība, ko pavada darbi, ir īsta ticība

Mums par izbrīnu, mēs redzam daudz ļaužu, kas īstenībā nesaprot ticības nozīmi. Daži runā: «Vai tad nepietiek vienkārši iet uz baznīcu? Jūs tik un tā izglābsieties.»

Ja jūs klausāties Dieva Vārdu un to zināt, bet nepildāt, tad jūsu ticība – ir galvā kā zināšanas, to nevar uzskatīt par patiesu. Un ar tādu ticību nevar iegūt glābšanos. Kādu ticību Dievs atzīst? Kā ar ticību iegūt glābšanu?

Īsta grēku nožēla prasa novēršanos no grēkiem

1. Jāņa vēstule 1:8-9, saka: «*Ja sakām, ka mums nav grēka, tad maldinām sevi un patiesības nav mūsos.Ja atzīstamies savos grēkos, tad viņš ir uzticīgs un taisns, ka viņš mums piedod grēkus un šķīsta mūs no visas netaisnības.*»

Ko nozīmē grēku nožēla?

Pieņemsim, Dievs jums saka: «Ej uz austrumiem, tas ir ceļš

uz mūžīgo dzīvību, tā ir Mana griba.» Neskatoties uz to, mēs turpinām iet uz rietumiem sakot: «Dievs, man vajadzētu iet uz austrumiem, bet es eju uz rietumiem, lūdzu piedod man.» Tā nav grēku nožēla. Tajā nav ne ticības Dievam, ne dievbijības, bet drīzāk smiešanās par Viņu. Patiesa grēku nožēla notiek ne tikai, kad mūsu lūpas atzīstas grēkos, bet arī pilnīgi novēršoties no jūsu grēcīgiem darbiem. Tikai tā Dievs pieņems jūsu grēku nožēlu un dāvās piedošanu.

Tāpat kā nāve paņem cilvēku, kurš neuzņem nekādu barību, kaut arī viņš zina, ka barība nepieciešama dzīvības uzturēšanai, tāpat bez grēku izsūdzēšanas ar mūsu muti, un bez to atstāšanas, jūsu grēki nebūs nomazgāti ar Tā Kunga asinīm.

Ticība bez darbiem ir nedzīva

Jēkaba vēstulē 2:22 teikts: *«Tu redzi, ka ticība ir līdzi darbojusies viņa darbiem, un tā darbos ticība ir tikusi pilnīga.»* Bet 26. pants turpina: *«Līdzīgi kā miesa bez gara ir nedzīva, tāpat arī nedzīva ir ticība bez darbiem.»*

Daudzi apmeklē baznīcu tādēļ, ka dzirdējuši par Debesu un elles eksistenci. Taču tādēļ, ka no sirds netic šim faktam, tad darbu viņiem nav.

Tā ir – ticība – zināšanas, un mirusi ticība.

Bez tam, ja jūs apliecināt ar savām lūpām, ka ticat un turpināt dzīvot grēkā, kā jūs varat apgalvot, ka jums ir ticība? Bībele saka, ka apzināti darīts grēks ir sliktāks grēks, nekā neapzināts grēks.

Kad jūs sakāt: «Es ticu» un nerādāt to darbos, jūs varat domāt, ka jums ir ticība, taču Dievs nepieņem tādu ticību kā patiesu.

Izraēlieši, izgājuši no Ēģiptes, piedzīvoja daudzus Dieva darbus. Dievs pārdalīja Sarkano jūru, deva viņiem mannu un paipalas, aizsargāja tos ar mākoņu stabu dienā un ugunīgu stabu naktīs.

Tomēr, kad Dievs pavēlēja tiem izlūkot Kānaānas zemi, tikai Jozua un Kālebs noticēja Dieva Vārdam un spēkam. Rezultātā, tie izraēlieši, kuri nepaklausīja Dievam, tāpēc ka tiem nebija stipras ticības, lai ieietu Kānaānā, saņēma četrdesmit pārbaudes gadus tuksnesī un tur nomira.

Jums jāatzīst, ka viss ir bezjēdzīgi, ja jūs neticat vai nerīkojaties saskaņā ar Dieva Vārdu, pat ja esat aculiecinieki un līdzdalībnieki daudzos Dieva darbos. Ticība pilnveidojas ar darbiem.

Tikai pildošie likumu ir taisni

Dievs saka mums Vēstulē Romiešiem 2:13: *«Jo nevis likuma klausītāji ir taisni Dieva priekšā, bet likuma darītāji, tiks atzīti par svētiem.»*

Jūs vēl neesat taisnie, ja tikai apmeklējat dievkalpojumus un klausāties svētrunas. Jūs kļūsiet taisnie tikai, ja jūsu netaisnā sirds mainīsies par taisnu, pateicoties tam, ka jūs pildāt Dieva Vārdu.

Daži apgalvo, ka var glābties, piesaucot Jēzus Kristus vārdu: «Kungs!» ar savām lūpām nepareizi saprotot Vēstuli Romiešiem 10:13: *«Jo ikviens, kas piesauc tā Kunga vārdu, tiks izglābts.»* Tas ir absolūti nepareizi. Kā teikts pravieša Jesajas grāmatā 34:16: *«Meklējiet Tā Kunga grāmatā un lasiet: tur nekā netrūkst no sacītā, jo Tā Kunga mute pavēlēja, un Viņa Gars to veicis.»* Viens Dieva Vārda pants nevar būt bez citiem; tie pilnību iegūst, kad traktējas kopumā.

Vēstule Romiešiem 10:9-10 saka: *«Jo ja tu ar savu muti apliecināsi Jēzu par Kungu un savā sirdī ticēsi, ka Dievs viņu uzmodinājis no miroņiem, tu tiksi izglābts. Jo ar sirds ticību panākama taisnība un ar mutes liecību – pestīšana.»*

Tikai tie, kas tic no sirds, ka Jēzus ir augšāmcēlies, varēs patiesi to liecināt ar savu muti, tāpēc ka dzīvo pēc Dieva Vārda. Viņi būs izglābti, kad liecinās ar patiesu ticību un iegūs pilnīgu taisnošanu, taču tie, kas neliecina ar tādu ticību nevarēs būt izglābti.

Tāpēc Jēzus teica Mateja Evaņģēlijā 13:49-50: *«Tā tas būs pasaules pastara galā, eņģeļi izies un atšķirs ļaunos no taisnajiem. Un tos metīs degošā ceplī, tur būs kaukšana un zobu trīcēšana.»*

Šeit vārds «taisnie» attiecas uz visiem, kas atzinuši Dievu un apliecinājuši, ka tic. Atšķiršana «ļauno no taisnajiem» nozīmē, ka tie, kas nepilda Dieva Vārdu, nevarēs būt glābti, kaut arī viņi iet uz baznīcu un vada kristīgu dzīvesveidu.

Dievs patiešām vēlas siržu apgraizīšanu

Dievs vēlas, lai viņa bērni būtu svēti un pilnīgi. Tāpēc Viņš saka 1. Pētera vēstulē 1:15: *«Bet sekodami Svētajam, kas jūs aicinājis, topiet arī paši svēti visā dzīvošanā»*, bet Mateja ev. 5:38: *«Tāpēc esiet pilnīgi, kā jūsu debesu Tēvs ir pilnīgs.»*

Vecās Derības laikos ļaudis glābās ar darbiem, kā nākotnes

pirmtēlā, bet Jaunās Derības laikmetā, kad Jēzus Kristus piepildīja mīlestības likumu, jūs tiekat glābti ticībā.

«Glābšana ar bauslības darbiem» nozīmē, piemēram, ka kaut arī jūsu sirds ir tāda nelietīga, ka gatava nosist, ienīst, veikt laulības pārkāpšanu, melot un tā tālāk, par grēku tas netiek uzskatīts, kamēr jūs to neizdarāt fiziski.

Dievs nevainoja ļaudis, kamēr viņi nedarīja ļaunus darbus, jo viņi nevarēja atmest savus grēkus paši, bez Svētā Gara palīdzības, vecās derības laikos. Tomēr jaunās derības laikos būs glābts tikai tas, kas apgraizīs sirdi ticībā ar Svētā Gara palīdzību: tāpēc Viņš arī atnācis pie mums. Svētais Gars dod mums spēju atšķirt grēku un taisnību, un sodu un palīdz dzīvot atbilstoši Dieva Vārdam. Tāpēc mēs varam uzvarēt netaisnību un apgraizīt savas sirdis ar Svētā Gara palīdzību.

Jums vajag saprast, ka Dievs tiešām prasa mums apgraizīt sirdis, atbrīvoties no grēkiem, būt svētiem un kļūt par dievišķās dabas līdzdalībniekiem. Apustulim Pāvilam bija zināma šī Dieva griba, un viņš mācīja apgraizīt sirdis, bet ne miesu (Vēst. Romiešiem 2:28-29). Viņš aicināja mūs cīnīties ar grēku līdz pat asiņu izliešanai, lūkojoties uz Jēzu, mūsu ticības piepildītāju (Vēst. Ebrejiem 12:1-4).

Es ceru, jūs iegūsiet patiesu ticību, ko pavada darbi, saprotot, ka nevar ieiet Debesīs, tikai saucot: «Kungs! Kungs!», bet staigājot Gaismā un apgraizot savu sirdi.

9. Nodaļa

PIEDZIMT NO ŪDENS UN GARA

- Nikodēms nāk pie Jēzus
- Jēzus palīdz Nikodēmam izprast garīgo
- Piedzimšana no ūdens un Gara
- Trīs liecinieki: Gars, Ūdens un Asinis

«Bet tur bija viens cilvēks no farizejiem, vārdā Nikodēms, jūdu valdības vīrs. Tas nāca pie Jēzus naktī un sacīja viņam: Rabbi, mēs zinām, ka tu esi mācītājs, no Dieva nācis. Jo neviens nevar tādas zīmes darīt, kā tu dari, ja Dievs nav ar to. Jēzus atbildēja: Patiesi, patiesi es tev saku, ja cilvēks nepiedzimst no augšienes, neredzēt tam Dieva valstības, Nikodēms saka viņam: Kā cilvēks var piedzimt, vecs būdams? Vai tad viņš var atgriesties savas mātes miesās un atkal piedzimt? Jēzus atbildēja: Patiesi, patiesi, es tev saku, ja kāds neatdzimst ūdenī un garā netikt tam Dieva valstībā.»

Jāņa ev. 3:1-5

Dievs sūtīja Jēzu Savu Vienpiedzimušo Dēlu un atklāja mums glābšanas ceļu. Kas Viņu pieņem, saņem tiesības kļūt par Dieva bērniem un baudīt svētīgu un mūžīgu dzīvi tagad un mūžīgi mūžos. Tomēr mūsu dienās var satikt daudz ļaudis, kas nav pārliecināti par savu glābšanu neskatoties uz to, ka viņi pieņēmuši Jēzu Kristu. Vēl vairāk, daži domā, ka izglābti, bet viņiem nav pietiekoši ticības glābšanai; citi paziņo, ka izglābti tāpēc ka kādreiz saņēmuši Svēto Garu, bet pēc tā nav aizdomājušies par savu uzvedību.

Tagad rezumējot vārdu par krustu, izmantojot kā piemēru stāstu par Nikodēmu noskaidrosim precīzi, kā sasniegt pilnīgu glābšanu no tā momenta, kad mēs esam pieņēmuši Jēzu Kristu.

Nikodēms nāk pie Jēzus

Jēzus laikos farizeji ar lielu cieņu izturējās pret Mozus likumiem un glabāja vecaju tradīcijas. Izredzētās tautas Izraēlas reliģijas līderi ticēja Dieva visvarenībai, augšāmcelšanai, eņģeļiem, pēdējai Tiesai un Mesijam kas nāks.

Tomēr Jēzus daudzkārtīgi pārmeta tiem sakot: «Bēdas jums, farizeji.» Viņi uzstājās ļaužu priekšā, kā liekuļi, izskatoties svēti no ārienes, taču bija piepildīti ar skopumu un patmīlību iekšpusē, līdzīgi nobaltinātiem kapiem (Mateja ev. 23:25-26).

Nikodēma labā sirds

Nikodēms bija farizejs un viens no Sinedrija locekļiem, augstākajā jūdu valdības padomē. Tomēr viņš nedzina prom Jēzu atšķirībā no citiem farizejiem. Tieši otrādi, redzot brīnumus un zīmes, ko darīja Jēzus, ticēja, ka Jēzus atnācis no Dieva. Nikodēms gribēja uzzināt, kas tas tāds Jēzus, tāpēc ka viņa sirds bija laba.

Jāņa evaņģēlijā 7:52, Nikodēms vēršas pie farizejiem, kas grib sagūstīt Jēzu, aizstāvot Viņu: *«Vai mūsu bauslība tiesā cilvēku, to iepriekš neuzklausījusi un neizzinājusi, ko viņš dara?»*

Droši vien, tajā laikā Sinedrija loceklim nebija viegli pateikt ko tādu. Pat tagad, ja valdība pieņem likumus, kas ierobežo vai dara kristietību par nelikumīgu, oficiālās personas nevar nostāties par kristietības aizstāvjiem. Tajā laikā izraēlieši jebkuru reliģiju, izņemot jūdaismu uzskatīja par nepatiesu. Nikodēms zināja, ka viņu varēja atstādināt, ja viņš nostāsies Jēzus pusē.

Un tomēr Nikodēms uzstājās, lai aizstāvētu Jēzu. Tas pierāda, ka viņš bija godīgs un stiprs ticībā Jēzum.

Jāņa Evaņģēlijs 19:39-40, apraksta notikumus, kas notiek tūlīt pēc Jēzus nāves pie krusta:

«Bet arī Nikodēms nāca, kas kādreiz naktī pie viņa bija nācis un atnesa svaidāmās zāles, maisījumu no mirrēm un aloes, kādas simts mārciņas. Tad viņi paņēma Jēzus miesas un satina tās autos kopā ar

smaržvielām, pēc jūdu bēru parašām.»

Tādā veidā, Nikodēms ticēja, ka Jēzus bija Dieva sūtīts, turpinot kalpot Jēzum pat pēc Viņa krusta nāves un ieguva glābšanu ticībā viņa Augšāmcelšanai.

Nikodēms nāk pie Jēzus

Jāņa Evaņģēlija 3. nodaļā notiek dialogs starp Jēzu un Nikodēmu, pirms vēl tas bija sapratis patiesību par garu. Vienreiz naktī Nikodēms atnāca pie Jēzus un atzina: *«Rabbi, mēs zinām, ka tu esi mācītājs, no Dieva nācis. Jo neviens nevar tādas zīmes darīt, kā tu dari, ja Dievs nav ar to»* (2 p.). No sākuma Nikodēms nezināja, ka Jēzus bija Mesija un Dieva Dēls. Tomēr pēc tam, būdams liecinieks Jēzus brīnumiem, Nikodēms ar tīru sirdsapziņu saprata un atzina, ka Jēzus ir Dievs. Viņš no tīras sirds atzina, ka tikai Visvarenais Dievs var piecelt no miroņiem, dot iespēju aklajiem – redzēt, klibajiem – iet, spitālīgiem – izveseļoties.

Tad kāpēc viņš atnāca pie Jēzus naktī? Viņš bija no tiem ļaudīm, kuri kautrējas atklāti apmeklēt baznīcu, tāpēc ka nav pārliecināti par Dievu Radītāju.

Lai arī Nikodēmam bija laba sirds, īstas ticības viņam nebija. Viņam nebija pārliecības par to, ka Jēzus ir – Dieva Dēls un Mesija, tāpēc viņš nenāca pie Jēzus dienā atklāti, bet ieradās naktī.

Jēzus palīdz Nikodēmam izprast garīgo

Jēzus teica Nikodēmam: «*Patiesi, patiesi es tev saku, ja cilvēks nepiedzimst no augšienes, neredzēt tam Dieva valstību*» (Jāņa ev. 3:3). Taču Nikodēms to vispār nevarēja saprast. Un viņš jautāja atkal: «Kā cilvēks var piedzimt, vecs būdams?» Viņam nebija garīgās ticības, lūk, viņš arī brīnījās: «Vecs cilvēks nomirst un atgriežas zemē, pīšļos, kā tad viņš var no jauna piedzimt?»

Tad Jēzus stāstīja viņam par piedzimšanu no ūdens un Gara: «*Patiesi, patiesi, es tev saku, ja kāds neatdzimst ūdenī un Garā, netikt tam Dieva valstībā*» (Jāņa ev. 3:5-6).

Nikodēms pūlējās saprast Jēzus vārdus, un Viņš to izskaidro līdzības veidā: «*Vējš pūš kur gribēdams, un tu dzirdi viņu pūšam, bet nezini, no kurienes viņš nāk un kurp viņš iet. Tāpat ir ar ikvienu, kas piedzimis no Gara*» (Jāņa 3:8).

Pēc Ādama nepaklausības visos cilvēkos gars nomira, un no tā laika visi nolemti nāvei. Tomēr, pēc piedzimšanas no Svētā Gara, mūsu gars atdzīvojas, kad cilvēks kļūst garīgs, viņā atjaunojas Dieva līdzība, un viņš ir glābts. Tomēr Nikodēms nesaprata, ko bija teicis Jēzus (Jāņa 3:9).

Un viņš jautāja: «Kā tas var būt?» Jēzus atbild:

«Ja jūs neticat, kad es jums stāstu par zemes lietām, kā jūs ticēsiet, kad es jums stāstīšu par debess lietām? Jo neviens nav uzkāpis debesīs, kā vienīgi tas, kas no debesīm nācis, Cilvēka Dēls. Un kā Mozus paaugstinājis čūsku tuksnesī, tāpat jātop paaugstinātam Cilvēka

Dēlam. Lai ikviens, kas tic, viņā iegūtu mūžīgo dzīvību» (Jāņa ev. 3:12-15).

4. Mozus grām. 21:4-9, stāstīts par to, kā izraēlieši, izvesti no Ēģiptes, sadumpojās pret Mozu, tāpēc ka arvien grūtāks un grūtāks palika ceļš uz Kanaānu. Tad Dievs novērsās no tiem un uzsūtīja indīgas čūskas, kuras sadzēla cilvēkus. Kad viņi lūdzās pēc palīdzības, Dievs lika Mozum izveidot vara čūsku un novietoja to uz kārts. Dievs glāba katru, kas to uzlūkoja, taču ietiepīgie mira, tāpēc ka savā neticībā pat nepapūlējās uzlūkot to.

Saprast Dieva Vārdu garīgi

Kāpēc Dievs pavēlēja izgatavot vara čūsku un izlikt to kā uz karoga kāta. No 1. Mozus grām. 3:14 mēs zinām, ka čūska bija nolādēta. Un vēl vēstulē Galatiešiem 3:13 teikts: *«Nolādēts ir ikkatrs, kas karājas pie koka.»*

Tāpēc, vara čūska pacelta uz kārts, simbolizē, ka Jēzus, lai mūs izpirktu, karāsies pie koka krusta, kā nolādētā čūska. Un tāpat, kā katrs, kas uzlūkoja vara čūsku, palika dzīvs, tā arī katrs, kurš tic Jēzum Kristum būs glābts.

Nikodēms nevarēja saprast Dieva Vārda nozīmi, tāpēc ka vēl nebija piedzimis no ūdens un Gara, un viņa garīgā redze vēl nebija atvērusies.

Pat šodien, ja jūs neesat piedzimuši no Gara, un jūsu garīgās acis nav atvērtas, tad jūs nevarat saprast garīgas svētrunas jēgu, tāpēc ka visu uztversiet burtiski un kā sekas tam būs nepareizs tās skaidrojums.

Jums cītīgi jālūdz, lai pēc Svētā Gara iedvesmas jūs varētu saprast Dieva Vārda garīgo jēgu. Un tad Dievs savā labvēlībā noskaņos jūsu sirdi, lai jūs varētu saprast Dieva Vārdu un iegūt patiesu ticību.

Piedzimšana no ūdens un Gara

Naktī atnākušajam Nikodēmam Jēzus sacīja: *«Patiesi, patiesi, es tev saku, ja kāds neatdzimst ūdenī un garā, netikt tam Dieva valstībā! Kas no miesas dzimis, ir miesa, un kas no Gara dzimis, ir gars»* (Jāņa ev. 3:5-6).

Tagad precīzi noskaidrosim, ko nozīmē piedzimt no ūdens un Gara. Kā var cilvēks no jauna piedzimt no ūdens un Gara un iegūt glābšanu?

Ūdens simbolizē mūžīgās dzīves ūdeni

Ūdens remdē slāpes un mīkstina iekšējos orgānus. Tas tāpat attīra mūsu ķermeni gan no ārpuses, gan no iekšpuses.

Jēzus salīdzina mūžīgās dzīves ūdeni ar parasto ūdeni, lai izskaidrotu, ka tas attīra mūs un nes sev līdzi dzīvību.

Jāņa Evaņģēlijā 4:14, Jēzus mums saka: *«Bet, kas dzers no tā ūdens, ko es tam došu, tam mūžam vairs neslāps, bet ūdens, ko es tam došu, kļūs viņā par ūdens avotu, kas verd mūžīgai dzīvei.»*

Ja izdzersit ūdeni, tad kādu laiku nejutīsiet slāpes, bet pēc tam atkal gribas dzert. Ūdens šajā Rakstu fragmentā nozīmē mūžīgo ūdeni. Katram, kas dzer ūdeni, ko dod Jēzus, tam neslāps nekad. Bet tieši, tas kā avots dod dzīvību «ūdens, kas plūst uz mūžīgo dzīvi.

Jāņa Evaņģēlijā 6:54-55, lasām: «*Kas bauda Manu Miesu un dzer Manas Asinis, tam ir mūžīgā dzīvība; un Es to uzcelšu pastarā dienā, jo Mana Miesa ir patiess ēdiens un Manas Asinis ir patiess dzēriens.*» Jēzus Miesa un Viņa Asinis savā būtībā ir mūžīgais dzēriens.

Vēl vairāk, Viņa «miesa» nozīmē Bībeles Vārdu, tāpēc ka Jēzus ir Vārds, kas atnāca pasaulē miesā. Baudīt Viņa miesu nozīmē turēt prātā Viņa Vārdu, atrasties viņā lasot Bībeli.

Jēzus asinis ir dzīvība, un dzīvība ir patiesība. Patiesība ir Kristus, bet Kristus ir Dieva spēks. Un tas viss Jēzus asiņu būtība. Tā kā Dieva spēks tiek dots pēc ticības, Jēzus asiņu dzeršana nozīmē paklausību Viņa Vārdam ticībā.

Jūs uzzinājāt, ka ūdens garīgi simbolizē Jēzus miesu – tas ir Dieva Vārdu un Dieva Jēru. Kā ūdens attīra jūsu ķermeni, tā Dieva Vārds nomazgā visādus netīrumus no jūsu sirds.

Tāpēc baznīcā jūs esat kristīti ūdenī, bet kristība simbolizē, ka jūs esat Dieva Bērns un jūsu grēki piedoti. Un vēl tas nozīmē, ka jums vajag pārdomāt Dieva Vārdu un ikdienas ar to attīrīties.

Piedzimt pa jaunam no ūdens

Kā tad var nomazgāt netīrumus no sirds ar Dieva Vārdu, kurš ir mūžīgais ūdens?

Lūk, četri likuma veidi, kurus Dievs mums dod: darīt vienu,

atturēties no cita, kaut ko glabāt, bet kaut ko sevī iznīdēt. Piemēram, Dievs pavēl mums neskaust, neienīst, nenosodīt, nezagt, nepārkāpt laulību un nenogalināt.

Sekojoši, nevajag jums darīt to, kas aizliegts, un, tajā pašā laikā, vajag atteikties no visāda veida ļaunuma. Vajag ievērot Sabatu, evaņģelizēt, lūgties un mīlēt citam citu. Ar Svētā Gara palīdzību jūsu sirds pakāpeniski piepildās ar patiesību, bet Dieva Vārds nomazgās jūsu vainas un grēkus. Izpildot Dieva Vārdu jūs varēsiet apgraizīt sirdis un patiesi pārveidoties. Tas arī nozīmē «piedzimt no ūdens.»

Tāpēc, lai saņemtu pilnu glābšanu, jums vajag ne tikai pieņemt Jēzu, bet tāpat arī apgraizīt savu sirdi paklausībā Dieva Vārdam katrā savas dzīves brīdī.

Piedzimt vēlreiz no Gara

Lai saņemtu glābšanu, jums vajag piedzimt no ūdens, bet tāpat arī no Gara. Kā piedzimt no Gara? Apustuļu darbos, 19:2 apustulis Pāvils jautā dažiem mācekļiem: «Vai jūs dabūjāt Svēto Garu?» Kas tas ir dabūt Svēto Garu?

Pirmais cilvēks Ādams sastāvēja no «gara», «dvēseles» un «miesas» (1. vēst. Tesaloniķiešiem 5:23), bet gars nomira nepaklausības rezultātā. Pēc tam viņš kļuva par radījumu, kas ne ar ko nav labāks par dzīvnieku, kas radīts ar dvēseli un miesu (Sal. māc. 3:18).

Ja jūs nožēlojat grēkus, atzīstot sevi par grēcinieku, Dievs dāvā jums Svēto Garu kā zīmi tam, ka jūs esat Viņa bērni (Ap. d. 2:28).

Jebkurš Dievs bērns, kas pieņēmis Svēto Garu, spēj caur Dieva Vārdu atšķirt labu no ļauna, dzīvot pēc Dieva likumiem, viņam būs Debesu vara un spēks, kas iegūta caur pastāvīgām patiesām lūgšanām.

Tā jūs pārveidosieties patiesībā, un jums būs garīgā ticība pēc tā mēra, par cik jūs esat paklausīgi Svētajam Garam. Jāņa ev. 3:6, teikts: *«Kas no miesas dzimis, ir miesa, un, kas no Gara dzimis, ir gars»*, un turpat 6:63, piebilst: *«Gars dara dzīvu, miesa neder nenieka; vārdi, ko es jums runāju, ir gars un dzīvība.»*

Kļūt par Gara cilvēku, sekojot Svētajam Garam

Kad jūs esat piedzimuši no ūdens un Svētā Gara, jūs iegūstat dzīvi Debesīs – debesu pilsonību (vēst. Filipiešiem 3:20). Kā Dieva bērns jūs apmeklējat dievkalpojumus, ar prieku slavinājat Viņu un cenšaties dzīvot Gaismā.

Līdz Svētā Gara pieņemšanai jūs dzīvojāt tumsā, jo nezinājāt patiesību. Taču Svēto Garu pieņēmuši, jūs cenšaties dzīvot gaismā.

Ar laiku jūs ievērosiet, ka prieks mājo jūsu sirdī, bet savā iekšienē jūs pastāvīgi jutīsiet konfliktu. Tas tāpēc, ka Gara likums, kurš seko Svētā Gara vēlmēm, cīnās ar grēcīgās dabas likumu, kurš seko grēcīgā cilvēka tieksmēm, acu kārei un dzīves lepnībai (1. Jāņa vest. 2:16).

Apustulis Pāvils par šo cīņu teicis: *«Mans iekšējais cilvēks ar prieku piekrīt Dieva bauslības likumam. Bet savos locekļos es manu citu likumu, kas karo ar manu prāta likumu un padara mani par grēka likuma gūstekni, kas ir manos locekļos. Es nožēlojamais cilvēks! Kas mani izraus no šīs nāvei lemtās miesas?»* (Vēst. Romiešiem 7:22-24) Piedzimušais no ūdens un Gara tik – tikko kļuvis par Dieva bērnu. Tas nenozīmē, ka jūs jau esat garīgi pilnvērtīga personība.

Tāpēc Vēstule Galatiešiem 5:16-17 brīdina: *«Staigājiet garā, tad jūs miesas kārību savaldīsiet. Jo miesas tieksmes ir pret garu, bet gara tieksmes ir pret miesu, jo šie divi viens otram stāv pretī, ka jūs nedarat to, ko gribat.»*

Lai sekotu Svētajam Garam, vajag dzīvot pēc Dieva Vārda un darīt to, kas Dievam pieņemams un patīkams. Tā, ja mēs pildām Gara vēlmes, tad mūs nepiemeklēs kārdināšanas, un mēs varēsim uzvarēt ienaidnieku – velnu un sātanu, kurš kārdina mūs apmierināt grēcīgās dabas tieksmes. Mēs varēsim dzīvot patiesībā un uzticīgi veltīt sevi Dieva Valstībai un Viņa taisnībai.

Ja mēs sekojam Svētā Gara vēlmēm, tad atrodamies priekā un mierā. Bet, ja ejam mūsu grēcīgās dabas kaislību pavadā, būs nelaimes un grūtums.

Kad mūsu ticība kļūst nobriedušāka, mēs iegūstam spēju atteikties no grēkiem un sekot Svētajam Garam pie visiem apstākļiem. Iekšējās mūsu iegribas, kas grūž mūs sekot grēcīgās dabas pavadā, izzudīs. Un mums vairāk nevajadzēs piespiest sevi cīnīties ar grēkiem un mocīties no nepatikšanām, mēs varēsim vienmēr priecāties par jebkuriem apstākļiem.

Dievam patīk tie, kas dzīvo pēc Gara vadības. Viņš dod tiem viņu sirds vēlmes, kas apsolītas Psalmā 37:4: *«Esi priecīgs savā Kungā, tad Viņš tev dos, pēc kā tava sirds ilgojas.»*

Ja jūs izmainīsiet savu sirdi tā, ka tā būs piepildīta tikai ar patiesību, Dievs būs ļoti ar jums apmierināts un darīs jums iespējamu visu. Ceru, jūs piedzimsiet no ūdens un Gara un dzīvosiet atbilstoši Gara vadībai.

Trīs liecinieki: Gars, Ūdens un Asinis

Kā es jau skaidroju, lai kļūtu izglābts, jums vajag piedzimt no ūdens un Gara. Tomēr, lai saņemtu pilnu glābšanu, mums dzīvojot Gaismā, vajag būt attīrītiem no grēkiem ar Jēzus asinīm. Ja mūsu sirds nav attīrīta, uz mums vēl joprojām ir grēki. Tāpēc, lai būtu attīrīti no palikušajiem grēkiem mums vajadzīgas Jēzus Asinis.

Lūk, ko par to mums saka 1. Jāņa vēst. 5:5-8:

«Kas ir pasaules uzvarētājs? Tikai tas, kas tic, ka Jēzus ir Dieva dēls. Šis Jēzus Kristus, ir nācis caur ūdeni un asinīm, ne ūdenī vien, bet ūdenī un asinīs, un Gars ir liecības devējs, jo Gars ir patiesība. Jo trīs ir, kas dod liecību debesīs: Tēvs, Vārds un Svētais Gars, un šie trīs ir viens. Un trīs ir, kas liecina virs zemes: Gars, ūdens un asinis, un šie trīs ir kopā.»

Jēzus, atnākušais ar ūdeni un asinīm

Jāņa Evaņģēlijā 1:1 lasām: *«Vārds bija Dievs»* un 14. pantā: *«Un vārds tapa miesa un mājoja mūsu vidū, un mēs skatījām viņa godību, tādu godību, kā Tēva Vienpiedzimušā Dēla, pilnu žēlastības un patiesības.»* Tas ir Jēzus, Vienīgais Dieva Dēls un pats Dieva Vārds, atnācis uz zemi miesā, lai piedotu mums mūsu grēkus. Pat šodien Viņš turpina attīrīt mūs ar Dieva Vārdu – Bībeli.

Tomēr mēs nevaram dzīvot saskaņā ar Dieva Vārdu bez Svētā Gara palīdzības. Neiespējami atmest grēkus ar pašu spēkiem. Nepieciešams caur dedzīgām lūgšanām saņemt Svētā Gara palīdzību, lai spētu atvairīt grēcīgās dabas vilinājumus, acu kāri un dzīves lepnību. Tikai tad mēs izklīdināsim tumsu un melus mūsu sirdī.

Un vēl, lai saņemtu piedošanu vajadzīga asins izliešana. Vēstulē Ebrejiem 9:22 teikts: *«Un gandrīz viss tiek šķīstīts asinīs saskaņā ar bauslību, un bez asins izliešanas nav piedošanas.»* Mums vajadzīgas Jēzus Asinis, tāpēc, ka tikai Viņa nevainīgās un tīrās asinis dod mums piedošanu.

Mums vajag ticēt Jēzum, kas atnācis ar ūdeni un asinīm, un pieņemt Svēto Garu kā Dieva dāvanu, lai saņemtu glābšanu, kurai vajadzīgs: Gars, ūdens un asinis.

Ja nav asins izliešanas, nav arī glābšanas un grēks paliek uz mums. Vajadzīgs ne tikai Vārds – ūdens, lai attīrītos, bet arī Svētais Gars, lai viņš palīdzētu mums dzīvot atbilstoši šim Vārdam. Un tad šie «trīs par vienu» būs saskaņā.

Tāpēc mums pienākas pēc tā, kā esam pieņēmuši Jēzu Kristu un saņēmuši grēku piedošanu, turpināt savu dzimšanu no ūdens un Gara, lai iegūtu pilnīgu glābšanu, saprotot to faktu, ka Gara, ūdens un asiņu trīsvienība glābj un ved mūs uz Debesīm.

10. Nodaļa

KAS IR VILTUS MĀCĪBA?

- Bībeliska viltus mācību noteikšana
- Patiesības gars un melu gars

«Bet ir arī bijuši tautā viltus praviēši, kā arī jūsu starpā būs viltus mācītāji, kas paslepeni ienesīs aplamas posta mācības, noliegdami pat to Kungu, kas viņus atpircis, un tā sagatavos sev drīzu pazušanu. Daudzi sekos viņu baudu dzīvei, un viņu dēļ patiesības ceļš tiks zaimots. Mantkārībā viņi izmantos jūs ar izdomātiem vārdiem; sodība, kas jau sen viņiem nolemta, nekavējas nākt, un viņu posts nesnauž.»

2. Pētera vēst. 2:1-3

Līdz ar materiālistiskās sabiedrības attīstību ļaudis pienākuši pie Dieva noliegšanas, tāpēc ka sāka paļauties tikai uz savu gudrību un zināšanām, un vairojoties un izplatoties grēkiem, cilvēka gars aizvien vairāk piepildās ar tumsu un izvirst. Kā sekas daudz ļaužu zaudējuši spēju atšķirt patieso no melīgā. Viņi tāpat velti nosoda citus, pamatojoties uz saviem pašu labajiem darbiem, zināšanām un teorijām. Mateja ev. 12:22-32, Jēzus dziedināja apsēsto, kurš bija akls un mēms. Tomēr farizeji, dzirdot par to, runāja: *«Viņš izdzen ļaunos garus ne citādi kā ar Belcebula, ļauno garu virsnieka palīdzību»* (24 p.) viņi uzskatīja, ka Dieva darbi bija dēmonu darīti.

Un tāpat, 12:31-32, Jēzus saka viņiem: *«Tāpēc es jums saku: ikkatru grēku un ikkatru zaimošanu cilvēkiem piedos, bet Gara zaimošanu nepiedos. Un kas ko runā pret Cilvēka Dēlu, tam tas tiks piedots; bet kas ko runā pret Svēto Garu, tam tas netiks piedots ne šinī, nedz nākošā mūžā.»*

Farizeji nāca pie secinājuma, ka tas, ko darīja Jēzus Dieva spēkā, bija ļauno garu darbs. Bet tā ir Svētā Gara zaimošana. Tāpēc farizejiem acīmredzot nekad netiks piedots.

Ja jūs pamatojoties uz Bībeli, skaidri atšķirat patiesību no meliem, tad citus ļaudis nenosodīsiet, un neliksiet šķēršļus ar to, kas melīgs.

Tagad dziļāk ieskatīsimies «viltus mācībās» no Dieva skatu punkta un noskaidrosim, kā atšķirt Dieva Garu un ļaunos garus un parunāsim par dažām maldu sektām no kurām jāuzmanās.

Bībeliska viltus mācību noteikšana

Oksfordas vārdnīca izskaidro «viltus mācību» kā «ticību vai uzskatu, kas ir pretrunā ar attiecīgās reliģijas principiem.»

Apvainojumi Pāvilam kā maldu sektas vadonim

Apustuļu darbos 24:5, lasām: *«Jo mēs esam izzinājuši, ka šis vīrs ir bīstams cilvēks un nemiera cēlājs visu jūdu vidū visā pasaulē, ka viņš ir nācariešu sektas vadonis.»* Šeit, zem «Nācariešu sekta» jāsaprot maldu sekta, un tā ir pirmā vieta Bībelē, kur atrodams vārds «maldi.»

Jūdi izvirzīja valdības priekšā Pāvilam apvainojumus, tāpēc ka domāja, ka Pāvila sludinātais Evaņģēlijs bija maldīgs. Pāvils atspēkoja apvainojumus un sludināja savu ticību, kā tas aprakstīts Apustuļa darbos 24:13-16:

«Tie arī nevar pierādīt, par ko viņi tagad mani apsūdz. Bet es tev atzīstos, ka es kalpoju savu tēvu Dievam pēc tās mācības, ko viņi sauc par maldu mācību, ticēdams visam, kas saskan ar bauslību un kas rakstīts praviešos. Un man ir cerība uz Dievu, kāda arī viņiem pašiem ir, ka būs taisno un netaisno augšāmcelšanās. Tāpēc es arī

cenšos vienmēr paturēt skaidru sirdsapziņu Dieva un cilvēku priekšā.»

Vai patiesi Pāvils sludināja maldus?

Vajag apskatīties maldu noteikšanu Bībelē, tāpēc ka Bībele ir Dieva Vārds, vienīgās patiesās Būtības, kas spējīga atšķirt patiesību no meliem. «Maldu sektas» noteikšana Bībelē sastopama piecas reizes. Tomēr pašu maldu noteikšana dota tikai vienreiz.

«Bet ir arī bijuši tautā viltus pravieši, kā arī jūsu starpā būs viltus mācītāji, kas paslepeni ienesīs aplamas posta mācības, noliegdami pat to Kungu, kas viņus atpircis, un tā sagatavos sev drīzu pazušanu» (2. Pētera vest 2:1).

Vārdi «To Kungu, kas mūs atpircis» attiecas uz Jēzu Kristu. No paša sākuma cilvēks piederēja Dievam un dzīvoja pēc Viņa gribas. Bet pēc nepaklausības Ādams kļuva par grēcinieku, kas pieder sātanam. Tomēr Dievs apžēlojās par cilvēkiem, kas nostājušies uz ceļa, kas ved nāvē. Dievs sūtīja Jēzu, Savu Vienīgo Dēlu, kā samierināšanās upuri. Viņš pieļāva, ka Viņu sita krustā, lai caur Savām asinīm Viņš varētu atvērt glābšanas ceļu.

Dievs rīkojās mūsu labā, kad piederējām sātanam, lai noticējuši Jēzum Kristum, mēs varētu saņemt savu grēku piedošanu. Kopā ar to mēs saņemam dzīvību un no jauna sākam piederēt Dievam. Tāpēc var teikt, ka Jēzus izpircis mūs ar savu krusta nāvi, bet Bībele saka mums, ka Jēzus ir «Kungs Visuvaldītājs, kas viņus atpircis.»

Maldu sludinātāji atsakās no Jēzus Kristus

Tagad mēs zinām, ka maldu sludinātāji ir tie, kuri «noliedz pat To Kungu, kas viņus atpircis, un tā sagatavos sev drīzu pazušanu» (2. Pētera vēst. 2:1). Šis skaidrojums nekad nav pielietots, kamēr Jēzus nepiepildīja Savu Glābēja misiju. Vārds «Jēzus» nozīmē «(tas kurš) izglābs Savu tautu no tās grēkiem.» «Kristus» – tas ir «Svaidītais.» Jēzus kļuva par Glābēju, kad piepildīja savu misiju – bija piesists krustā un augšāmcēlies.

Tāpēc šo terminu nevar atrast Vecajā Derībā vai Mateja, Marka, Lūkas un Jāņa Evaņģēlijos, kuri apraksta Jēzus darbus. Pat farizeji, Rakstu mācītāji un garīdznieki, kas izsekoja Jēzu nevērsās pie šādas izpratnes. Augstie priesteri arī nelietoja šo terminu.

Tikai pēc tam, kad Jēzus bija augšāmcēlies, lai piepildītu Savu Kristus misiju, parādījās «ļaudis, kas noliedz To Kungu, kas viņus atpircis.» Un tikai tad Bībele sāka mūs brīdināt no maldu sludinātājiem.

Tāpēc, ja ļaudis tic Jēzum Kristum, kā «Tam Kungam, kas mūs atpircis» – viņi nav maldos. Bet, ja viņi noraida Viņu – viņi ir maldos.

Apustulis Pāvils neatsakās no Jēzus Kristus, kas viņu izpircis ar Savām dārgajām Asinīm. Tieši otrādi, Pāvils pateicās Jēzum Kristum, Kuru arī sludināja visur kur gāja, bija par to vajāts, un dārgi par to maksāja. Piecas reizes viņš saņēma no jūdiem, bez viena četrdesmit sitienu. Vienreiz viņu nomētāja akmeņiem.

Viņš bija cietumos, viņu vajāja pagāni un paša tautieši, viņu nodeva tie, kam viņš uzticējās. Neskatoties uz visu to, Pāvils kļuva par vīru ar lielu spēku, pārvarot visas ciešanas ar prieku un pateicību un slavējot Dievu, dziedināja daudz ļaužu Jēzus Kristus vārdā, līdz dienai, kad mira mocekļa nāvē.

Pāvils sludināja Evaņģēliju demonstrējot Dieva spēku

Mums vajag zināt, ka Dieva spēks nevar parādīties tajos, kas noliedz Dievu Radītāju un Jēzu Kristu, Dievu pēc savas būtības, jo Bībele nepārprotami saka: «*Pirmkārt Dievs ir runājis, otrkārt – es esmu dzirdējis, ka Dievam ir vara*» (Psalms 62:12). Mēs nedrīkstam tiesāt cilvēku, kas demonstrē Dieva spēku. Jo šis spēks pierāda, ka ar viņu ir Dievs, un, ka šis cilvēks mīl Dievu ar stipru mīlestību. Vēstulē Galatiešiem 1:6-8 Pāvils, kuru nosauca par Nācarieša maldu sektas vadoni, stingri brīdina nesekot un nesludināt nekādu citu Evaņģēliju, kas atšķiras no vārda par krustu:

«Es brīnos, ka jūs tik drīz novēršaties no tā, kas jūs aicinājis Kristus žēlastībā, un piegriežaties citam evaņģēlijam. Un tomēr cita nav. Ir tikai kādi, kas jūs sajauc un grib pārgrozīt Kristus evaņģēliju. Bet ja arī mēs vai kāds eņģelis no debesīm jums sludinātu citu evaņģēliju nekā to, ko esam jums pasludinājuši, lāsts pār to.»

Pat šodien dažus ļaudis uzskata par maldu mācītājiem, lai arī viņi nekad nav atteikušies no Jēzus Kristus, bet sludina tikai Kristus labo vēsti, pasludina Dzīvo Dievu, demonstrējot Viņa spēku.

Nenosodiet neapdomīgi citus kā maldu sludinātājus

Es arī esmu cietis un izjutis daudz vajāšanu, biju apsūdzēts kā maldu mācītājs, kad rādīju Dieva spēku un mana draudze auga. Īstenībā, pēdējās divās desmitgadēs, no tās dibināšanas momenta 1982. gadā, baznīcas draudze izauga līdz vairāk kā 120 tūkstošiem locekļu.

Septiņus gadus es cietu no daudzām slimībām, bet biju dziedināts Dieva spēkā. Pēc tam, vai es ēdu, vai dzēru, es centos dzīvot Dieva godam, tā kā to darīja apustulis Pāvils. Es ieliku savu dzīvi Dieva rokās un par galveno tajā noteicu «tikai Jēzu, vienmēr Jēzu.»

No tā laika, kad es vēl biju pasaulīgs, es mēģināju liecināt, ka Dievs mani dziedināja un pasludināt Evaņģēliju. Pēc tam, kad es biju aicināts kalpot Dievam, es sludināju Vārdu par Krustu un pasludināju Dzīvo Dievu un Glābēju Jēzu. Es liecināju par Dievu, pat veicot laulāšanas pienākumus, tāpēc ka dedzīgi vēlējos pievest pēc iespējas vairāk ļaužu uz glābšanas ceļa.

Es apzinājos, ka visspēcīgs Dieva Vārds un pierādījumi par Dzīvo Dievu nepieciešami, lai sludinātu par To Kungu pat līdz zemes galiem. Tā, es dedzīgi lūdzos, kā to darīja ticības pirmtēvi, lai saņemtu Dieva spēku, un izgāju caur visiem pār mani nākušiem pārbaudījumiem ar pateicību un prieku.

Reizēm šie pārbaudījumi līdzinājās nāvei. Tomēr, kā Jēzus pieņēma Augšāmcelšanās godu pēc Savas nevainīgās nāves, tā arī Dievs pavairoja manu spēku pēc Savas gribas, katru reizi, kad es vienu pēc otra pārvarēju pārbaudījumus. Rezultātā, katru reizi, kad es sākot no 2000. gada, liecināju visā pasaulē, kāpēc Dievs ir Vienīgais Patiesais Dievs un kāpēc mēs tiekam izglābti, kad ticam Jēzum Kristum; Kenijā, Ugandā, Hondurasā, Japānā, pat musulmaņu Pakistānā un hinduistu Indijā, desmitiem tūkstošu ļaužu nožēloja grēkus; aklie ieguva redzi, mēmie sāka runāt, kurlie – dzirdēt, bet tādas nedziedināmas slimības kā AIDS, dažādu vēžu veidi, tika dziedinātas. Šie brīnumi paaugstināja un pagodināja Dievu.

Tāpēc, tas kurš pilnībā saprot, kas ir maldi, nenosoda vieglprātīgi citus, kā maldu sludinātājus. Apustuļu darbos 5:33-42, mēs lasām par visā tautā izslavēto bauslības mācītāju Gamaliēlu. Kā viņš darbojās?

Kad Sinedrija farizeji aizliedza Pēterim un Jānim liecināt par Jēzu Kristu, tad tie būdami Svētā Gara piepildīti, nepakļāvās Padomes rīkojumam. Par to Sinedrija locekļi gribēja nogalināt apustuļus. Tomēr Gamaliēls piecēlās Sinedrijā un pavēlēja uz kādu laiku izvest apvainotos. Pēc tā viņš griezās pie Sinedrija:

«Izraēlieši, padomājiet labi, ko jūs gribat darīt ar šiem cilvēkiem. Pirms kāda laika sacēlās Teuda sacīdams, ka viņš kas esot, viņam piebiedrojās skaitā ap četri simti cilvēku; viņu nonāvēja, un visi, kas viņam paklausīja, ir izklīdināti un iznīcināti. Pēc viņa sacēlās galilietis Jūda pierakstīšanas laikā un aizrāva sev līdz daudz ļaužu; arī

tas gāja bojā, un visi, kas viņam paklausīja, ir izklīdināti. Tādēļ es jums tagad saku: Lieciet šos cilvēkus mierā un atlaidiet viņus. Ja šis ir cilvēku nodoms un darbs, tad tas iznīks; Bet ja tas ir no Dieva, tad jūs tos nevarēsiet iznīcināt, ka jūs vēl neuzskata par Dieva pretiniekiem!» (Apustuļu.d. 5:35-39)

Kad lasa šo citātu, saproti, ka ja brīnumainie darbi nav Dieva, vai ne no Dieva, tie beigu beigās iznīks, pat ja ļaudis neko nedarīs, lai tos apturētu. Tomēr, ja viņi pretosies vai traucēs darbam, kas ir no Dieva, viņi nevarēs tam pretī stāvēt. Tieši pretēji, to pūles tiks uzskatītas par pretošanos Dievam un viņi tiks nodoti tiesai un nosodīšanai.

Reizēm ļaudis nosoda citus, kā nomaldījušos pamatojoties uz atšķirībām Bībeles skaidrošanā, Svētā Gara dotām vīzijām un pat no mācēšanas runāt mēlēs. Lai arī visi atzīst Trīsvienību un, ka Jēzus Kristus atnācis miesā.

Daži pat runā, ka tiem nav vajadzīgas mēles vai parādības, un, ka šie Svētā Gara darbi nav uzticami, tāpēc, ka nekur nav minēts, ka Jēzus runājis mēlēs vai redzējis parādības. Tomēr Bībele saka, ka tie doti mums par svētību:

«Bet ikvienam ir dota gara izpausme, lai nestu svētību, citam gars dod gudrības runu, citam atziņas runu, tas pats gars, citam dota ticība tai paša garā; citam dāvana dziedināt tai pašā vienā garā; citam spēki brīnumus darīt; citam dāvanas runāt pravieša spēkā, citam garu pazīšana, citam dažādas mēles un citam

mēļu tulkošana. Visu to padara viens un tas pats gars, piešķirdams katram savu tiesu, kā gribēdams» (1. vēst. Korintiešiem 12:7-11).

Jāsecina, nedrīkst aprunāt vai nosodīt tos, kam ir dažādas Gara dāvanas tikai tāpēc, ka jums tādu dāvanu nav.

Patiesības gars un melu gars

2.Pētera vēstulē 2:1-3 ir skaidrojums, kas attiecas uz maldiem. Bībele brīdina mūs par viltus praviešiem un viltus mācībām, kuras paslepeni ienes pazudinošus maldus. *«Daudzi sekos viņu baudu dzīvei, viņu dēļ patiesības ceļš tiks zaimots. Mantkārībā viņi izmantos jūs ar izdomātiem vārdiem; sodība, kas jau sen viņiem nolemta, nekavējas nākt, un viņu posts nesnauž»* (2-3 p.).

Tāpat Jāņa 1. Vēstulē, 4:1-3, teikts: *«Mīļie neticiet katram garam, bet pārbaudiet garus, vai viņi ir no Dieva, jo daudz viltus pravieši ir izgājuši pasaulē. No tā atzīstiet Dieva garu: ikviens gars, kas apliecina Jēzu Kristu miesā nākušu, ir no Dieva. Un ikviens gars, kas neapliecina Jēzu nav no Dieva, tas ir antikrista gars, par ko jūs esat dzirdējuši, ka viņš nāks, tas jau tagad ir pasaulē.»*

Pārbaudiet garus – vai viņi ir no Dieva, vai nē

Ir labie gari, kas pieder Dievam, viņi vada mūs uz glābšanu, un tajā pašā laikā ir ļaunie gari, kas apmāna un grūž pazušanā. No vienas puses, kam dots Dieva Gars tas atzīst, ka Jēzus Kristus atnācis miesā. Tāds tic Trīsvienībai – Dievam, Jēzum Kristum un Garam un tāpēc ir kļuvis par Dieva bērnu. Viņš zina patiesību un var dzīvot patiesībā ar Gara palīdzību.

No otras puses, kam ir antikrista gars tas pretojas Jēzum Kristum, Dieva Vārdam un noraida Viņa izpirkšanas upuri. Jums jābūt uzmanīgiem un spējīgiem atšķirt antikristus, tāpēc ka antikristus bieži darbojas ticīgo vidū, izkropļojot Dieva Vārdu.

Jebkurā gadījumā, Jēzus Kristus noliegšana ne ar ko neatšķiras no pretošanās Dievam, kurš Viņu sūtījis šajā pasaulē.

Bībele brīdina par antikristu 2. Jāņa vēstulē 1:7-8, tā:

«Jo daudzi maldinātāji ir izgājuši pasaulē; kas neapliecina miesā nākušo Jēzu Kristu, tas ir maldinātājs un antikrists. Lūkojieties uz sevi, ka nepazaudējiet to, ko mēs esam darbā panākuši, bet ka saņemat pilnu algu.»

1. Jāņa vēstulē 2:19, vēl viens brīdinājums

«No mums viņi ir izgājuši, bet viņi nav bijuši mūsējie, jo ja tie būtu bijuši mūsējie, tie būtu pie mums palikuši, bet viņi nav pie mums palikuši, lai atklātos, ka viņi nav visi mūsējie.»

Ir divu tipu antikristi: cilvēks apsēsts ar antikrista garu, un cilvēks, kas ir antikrista gara piemānīts. Abi pūlas paverdzināt tos, kuros dzīvo Svētais Gars. Viņi gūsta ļaudis, piespiežot pretoties Dieva Vārdam, un pieviļ, ieliekot viņiem galvās noteiktas domas. Tos, kuru domas pilnībā kontrolē antikrista gars, sauc par «dēmonu apsēstiem.»

Ja kalpotāju pārņēmis antikrista gars, draudzes locekļi tuvosies pazušanas ceļam, antikrista gara sagūstīti. Tāpēc mums vajag precīzi zināt par patiesības Garu un melu garu, lai nenokļūtu antikrista gara kārdinājumos, bet dzīvotu patiesībā un gaismā.

Kā atpazīt garus

1. Jāņa vēstulē 4:5-6, teikts: *«Viņi ir no pasaules, tāpēc viņu runa ir pasaulīga, un pasaule klausa viņus. Mēs esam no Dieva; kas Dievu atzīst klausa mūs, kas nav no Dieva neklausa mūs. No tā pazīstam patiesības garu un maldu garu.»*

Termins «maldinošs» nozīmē, «melus saturošs, nepareizs.» Melu gars – tas ir pasaules gars, kas piemāna un mudina mūs ticēt maldiem, uzdodot to par patiesību, un piespiežot iziet mūs aiz ticības robežām. Kas ir no Dieva, tas klausa patiesības vārdam, bet pasaulei piederošie klausās pasaulīgus izteicienus. To viegli atšķirt. Ja zinām patiesību, tad mums ir pilnīgi acīmredzams, kur Gaisma, un kur tumsa. Un tad varam teikt: «Tas cilvēks ir patiesībā, bet tas tumsā.»

Piemēram, ja kāds svētdienā saka: «Brauksim šodien dienas otrā pusē uz pikniku. Aiziesim tikai uz rīta dievkalpojumu. Tas būs normāli, vai ne tā?» ja kāds cenšas sagraut Dieva Valstību ar sātaniskām viltībām, bet vēl aizvien paziņo, ka tic Dievam, gan tas, gan citi ir melu gara darbi.

Mēs varam saprast daudz, ko dāvājis mums Dievs, ja esam pieņēmuši patiesības Garu, kurš ir no Dieva (1. vēst. Korintiešiem 2:12). Tāpēc Svētais Gars dzīvo mūsos – dārgajos Dieva bērnos. Viņš ir patiesības Gars un vada mūs pie visas patiesības izpratnes. Viņš saka ne Pats no sevis, Viņš runā tikai to, ko Viņš dzird, un Viņš pateiks mums, kam vēl jānotiek.

Tāpēc Jēzus saka mums Jāņa Evaņģēlijā 14:16-17: *«Un Es lūgšu Tēvu, un Viņš dos citu Aizstāvi, lai tas būtu pie jums mūžīgi. Patiesības Garu, ko pasaule nevar dabūt, tāpēc ka viņa to neredz un to nepazīst; bet jūs to pazīstat, jo viņš pastāvīgi ir pie jums un mājo jūsos.»*

Un 1. Vēstulē Korintiešiem 2:10 lasām: *«Mums Dievs to ir atklājis ar savu garu, jo gars izdibina visas lietas, arī Dieva dziļumus.»* Kā rakstīts, Svētais Gars – vienīgais pilnībā zin un redz Dieva prātu.

Varam secināt, ka pieņēmušie patiesības Garu klausa patiesības vārdu un pilda to. Jo vairāk paplašinās Dieva valstība un Viņa taisnība, jo vairāk viņi priecājas. Viņi ir dzīves piepildīti, kvēli vēlas Dieva Valstību.

Bet citi vienkārši apmeklē baznīcu bez prieka, tāpēc, ka tiem nav Dieva dotās ticības. Viņi vēl joprojām pieder pasaulei un dod priekšroku pasaules vilinājumiem, tādiem kā nauda un izklaides. Tādā veidā viņi nevar dzīvot patiesībā, vēlēties Debesu Valstību un no visas sirds mīlēt Dievu.

Un beidzot, tādi ļaudis atstāj Dievu, tāpēc ka pieder pasaulei, un viņos nav patiesības Gara. Un tas nav no patiesības Gara, kas runā ļaunu vai aprunā citus brāļus un māsas ticībā, vai kaitē citiem no skaudības par to, ka tie uzticīgi Debesu Valstībai un

Viņa taisnībai.

Neļaujiet novest sevi no ceļa

1. Jāņa vēstule 3:7, brīdina mūs: *«Bērni, lai neviens jūs nemaldina: kas dara taisnību ir taisns, tā kā Viņš ir taisns.»* Mēs nedrīkstam novērsties no Dieva vārda, lai neaizrautos ar nepareizām zināšanām, tāpēc ka nekas, izņemot Dieva Vārdu, nevar mums neko iemācīt. Tikai tad mēs iegūsim pilnu glābšanu, gūsim sekmes šajā pasaulē un baudīsim mūžīgo dzīvi Debesu Valstībā.

Tomēr sātans pieliek visas pūles, lai neļautu Dieva bērniem dzīvot pēc Vārda, piespiež mūs iet uz kompromisiem ar pasauli, novērsties no Dieva, šaubīties Viņā un pretoties Viņam. 1. Pētera vēstulē 5:8, teikts: *«Esiet skaidrā prātā, esiet modri! Jūsu pretinieks – velns staigā apkārt kā lauva rūkdams un meklē, ko tas varētu aprīt.»*

Kādā tad veidā ienaidnieks – velns un sātans – apmāna Dieva bērnus? To var saprast, ja iedomājamies sievieti, ko vīrietis vēlas pavedināt. Ja sieviete pasniedz sevi ar eleganci un cēlumu un viņai ir labas manieres, vīrieši neuzdrīkstēsies pat mēģināt pavedināt viņu. Un otrādi, vīrietis viegli iekārdinās to, kura uzvedas nepieklājīgi. Tāpat arī ienaidnieks – velns un sātans – centīsies piekļūt tiem, kas nav stipri patiesībā un šaubās Dievā. Sātans kārdina tādus ļaudis novērsties no Dieva un pretoties Viņam, un beigu beigās ved tos uz nāves ceļa. Tā sātans kārdināja Ievu, kura sagrozīja Dieva Vārdu, jo bija negaidot noķerta.

Protams, jūs varat pastāstīt par pārbaudījumiem, kas nākuši

pār jums, lai arī jūsu vainas nekādas tur nebija. Tas tāpēc, ka Dievs vēlas svētīt jūs ar to pašu ceļu, kuru var redzēt Daniela pārbaudījumos, kad viņu iemeta lauvu bedrē, vai Ābrahāma pārbaudījumos, kad viņam vajadzēja ziedot savu dēlu, pienesot to kā dedzināmo upuri.

Kad mēs saduramies ar pārbaudījumiem vai grūtībām, tāpēc ka esam vāji patiesībā, mums vajag nekavējoši ar nožēlu novērsties no saviem grēkiem, aizdzīt visus kārdinājumus un pārbaudījumus ar Dieva Vārdu, un visiem spēkiem pūlēties stingri nostāties uz patiesības pamata.

Stingri stāviet patiesībā, nepieviļaties

1. Vēstulē Timotejam 4:1-2, autors raksta: *«Gars saka skaidri, ka vēlākos laikos daži atkritīs no ticības, pieķerdamies maldu gariem un dēmonu mācībām. Padodamies melkuļu liekulīgajiem vārdiem, kam pašu sirdsapziņa ar kauna zīmi apzīmēta.»*

Tas attiecas uz pēdējiem laikiem, kad daži paziņos, ka tiem ir ticība, bet novērsīsies no patiesās ticības, sekojot melu garam un tam, ko māca dēmoni.

Piemānītie liekuļo, pat ja to darbi liekas labi un pareizi. Viņi lūdzas visiem redzot, pūloties būt uzticīgi, taču naudas dēļ, bet ne no pateicības Dievam par Viņa labvēlību. Beidzot viņi atstāj savu ticību un iet pa nāves ceļu, tāpēc ka to sirdsapziņa izdegusi melos, kā nokaitētā dzelzī, tāpēc, ka viņi dzīvo bez patiesības un izdabā savām iegribām pēc pasaules kārībām.

Dievs stingri brīdina mūs caur Bībeli, nepadoties pievilšanai.

Mateja Evaņģēlijā 7:15-16 Jēzus mūs brīdina: «*Sargieties no viltus praviešiem, kas pie jums nāk avju drēbēs, bet no iekšpuses tie ir plēsīgi vilki. No viņu augļiem jums tos būs pazīt. Nevar taču lasīt vīnogas no ērkšķiem, vai vīģes no dadžiem.*» Cilvēka vārdi un darbi atspoguļo viņa domas un gribu. Tas ir pazīt cilvēku pēc augļiem. Tas ir viltus pravietis, kura ļaunie augļi ir ienaids, skaudība, greizsirdība, un kuram nav patiesības augļi, labestības un taisnības. Daudzi viltus pravieši un antikristi jau dzīvo šajā pasaulē. Tāpēc Dieva bērniem vajag būt ar veselīgiem priekšstatiem par maldiem un vajag atšķirt patiesības garu no melu gara.

Ienaidnieks – velns un sātans – nekad nelaidīs garām iespēju piemānīt Dieva bērnus un iegrūst tos grēkā, katru reizi, kad viņi atkāpjas no patiesības. Ja mēs esam pastāvīgi patiesībā un paklausām tai, mūs meli nepievils, bet mēs viegli tos noraidīsim, lai arī kad tie mums neuzmāktos.

Mums nevajag ne pieņemt, ne turēties pie kādas citas mācības un nepievilties ar mācībām, kuras ir pretrunā patiesībai. Tā vietā klausāties Dieva Vārdu un sekojiet Svētā Gara vadībai, lai mēs būtu stipri un nevainojami mūsu Kunga Jēzus Kristus Otrajā atnākšanā.

Jēzus saka mums: «*Labs cilvēks izdod no labā krājuma labu, un ļauns cilvēks izdod no ļaunā krājuma ļaunu. Bet Es jums saku: Par ikkatru veltīgu vārdu, ko cilvēks runās, tiem būs jāatbild tiesas dienā. Jo pēc saviem vārdiem tu tiksi taisnots, un pēc saviem vārdiem tu tiksi pazudināts*» (Mateja ev. 12:35-

37).

Labam cilvēkam ir laba sirds, un tas nevar darīt ļaunu un kaitēt citiem ļaudīm, neatkarīgi no tā vai tas viņam izdevīgi vai nav. Taču ļauns cilvēks nevar priecāties par patiesību. Viņš dara visāda veida ļaunumu, lai aiz skaudības un greizsirdības traucētu citiem. Lai arī viņa vārdi liekas pareizi un taisnīgi, neiespējami pateikt, ka tas ir labs cilvēks, ja viņš runā ļaunu par citiem vai rada šķelšanos. Tāpēc mums vienmēr jālūdzas un jābūt modriem, lai nekļūtu par melu upuriem. Mums vajag mācēt atšķirt patiesības garu un melu garu, nekad nenosodīt citus. Un vēl mums jāstāv ticībā Trīsvienībai – Tēvam, Dēlam un Svētajam Garam, visas Bībeles patiesumam un pildīt to.

«Tiešām, nāc, Kungs Jēzu!»

Debesis I un II

Precīzs apraksts par lieliskajiem apstākļiem, kuros dzīvo Debesu pilsoņi, spilgts apraksts par dažādu Debesu līmeņu valstībām.

Atklāsmes par mūžīgo dzīvi uz nāves siekšņa

Personīgās dr. Džeja Roka Lī atmiņas – liecības, kurš bija piedzimis no Augšienes un glābts, ejot caur nāves ēnas ieleju, un no tā laika parāda ideālu piemēru tam, kā vajadzētu dzīvot kristietim.

Elle

Nopietns vēstījums cilvēcei no Dieva, Kurš negrib, lai pat viena dvēsele atrastos elles dzelmē! Jūs atklāsiet sev līdz šim nezināmas lietas par nežēlīgo zemāko kapu un elles realitāti.

Mana Dzīve, Mana Ticība I un II

Dzīve, kas uzplauka pateicoties ne ar ko nesalīdzināmai Dieva mīlestībai, drūmu viļņu vidū, zem nastas smaguma un dziļa izmisuma un izplata pašu labāko garīgo aromātu.

Ticības mērs

Kādas mājvietas un kādi vainagi un balvas sagatavotas mums Debesīs? Šī grāmata satur gudrību un pamācības, kas nepieciešamas tam, lai izmērītu savu ticību un izaudzētu to līdz pilnīga brieduma mēram.

www.urimbooks.com

Hondurasā, Indijā, Krievijā, Vācijā un Peru, kļuvis par līderi pasaules misijas darbā. 2002. gadā par viņa pūlēm sludināt daudzos iespaidīgos apvienotos kristiešu festivālos, pazīstama kristiešu avīze Korejā nosauca viņu par pasaules mēroga mācītāju.

Pēc 2014. gada datiem Centrālās baznīcas «Manmin» locekļu skaits jau pārsniedza simts tūkstoš cilvēku. Vairāk kā desmit tūkstoš baznīcu filiāļu ir nodibinātas visā pasaulē – kā Korejā, tā arī aiz robežām; dotajā brīdī vairāk kā 123 baznīcas misionāri strādā 23 valstīs, ieskaitot ASV, Krieviju, Vāciju, Kanādu, Japānu, Ķīnu, Franciju, Indiju, Keniju un daudzās citās valstīs.

Šīs grāmatas publikācijas laikā dr. Lī bija uzrakstījis vairāk kā 93 grāmatas, ieskaitot tādus bestsellerus, kā *«Atklāsmes par Mūžīgo Dzīvi uz Nāves Slieksņa»*, *«Mana Dzīve, Mana Ticība» (1 un 2)*, *«Vārds par Krustu»*, *«Ticības Mērs»*, *«Debesis» (1 un 2)*, *«Elle»* un *«Dieva Spēks.»* Viņa grāmatas bija tulkotas 76 pasaules valodās.

Viņa raksti par kristīgās ticības tēmu tiek publicēti sekojošos periodiskajos izdevumos. *The Hankook Ilbo, The JoongAng Daily, The Chosun Ilbo, The Dong-A Ilbo, The Munhwa Ilbo, The Seoul Shinmun, The Kyunghyang Shinmun, The Korea Economic Daily, The Korea Herald, The Shisa News* un *The Christian Press.*

Pašlaik dr. Lī ir galvenais vadītājs daudzām misionāru organizācijām un asociācijām. Viņš, daļēji, ir galvenais Apvienotās Jēzus Kristus svētuma baznīcas padomē, Starptautiskais Manmin misionāru organizācijas prezidents, «Globālā kristīgā tīkla» (GCN), «Vispasaules ārstu – kristiešu apvienības» (WCDN), Starptautiskās Manmin semināra (MIS) dibinātājs un priekšsēdētājs.

Autors–
dr. Džejs Roks Lī.

Dr. Džejs Roks Lī piedzimis 1943. gadā Muanas pilsētā, Džeonnas provincē, Korejas Republikā. No divdesmit četru gadu vecuma dr. Lī cieta no dažādām nedziedināmām slimībām un septiņus gadus dzīvoja gaidot nāvi, bez kādas cerības uz izveseļošanos. Taču vienreiz, pavasarī 1974. gadā, māsa atveda viņu uz baznīcu, kur viņš nokrita uz ceļiem un lūdzās, un Dzīvais Dievs momentā dziedināja viņu no visām viņa slimībām.

No tās minūtes, kā dr. Lī satikās ar Dzīvo Dievu, viņš patiesi iemīlēja Viņu no visas savas sirds, un 1978. gadā bija aicināts kalpot Dievam. Viņš cītīgi lūdzās, lai skaidri saprastu Dieva gribu, pilnībā pildītu to un paklausītu katram Dieva vārdam. 1982. gadā viņš dibināja Centrālo baznīcu «Manmin», Seulas pilsētā (Korejā) un no tā momenta neskaitāmi Dieva darbi, ieskaitot brīnumainas izdziedināšanas un Dieva zīmes, bija parādītas šajā draudzē.

1986. gadā dr. Lī saņēma roku uzlikšanu mācītāja kalpošanai ikgadējā Korejas Asamblejā, Kristus baznīcā Singkuolā, bet vēl pēc četriem gadiem 1990. gadā, viņa svētrunas sāka translēt Tālo Austrumu raidkompānijas. Āzijas raidkompānijas un Vašingtonas Kristīgās radiostacijas Austrālijā, Krievijā, Filipīnās un daudzās citās valstīs.

Pēc trim gadiem 1993. gadā žurnāls «Christion World» (ASV) ievietoja Centrālo baznīcu «Manmin» piecdesmit labāko pasaules baznīcu sarakstā; Kristīgās ticības koledža Floridas štatā (ASV) piešķīra dr. Lī gada doktora pakāpi evaņģelizēšanā; bet 1996. gadā Kingsvejas Teoloģiskais Seminārs (Aiovas štatā, ASV) piešķīra viņam doktora pakāpi.

No 1993. gada dr. Lī novadījis evaņģelizācijas dievkalpojumus Izraēlā, ASV, Tanzānijā, Argentīnā, Ugandā, Japānā, Pakistānā, Kenijā, Filipīnās,